Nordrhein-Westfalen



# Doppel-Klick 5

**Differenzierende Ausgabe**

## Das Arbeitsheft Basis

Erarbeitet von
Grit Adam, Ulrich Deters,
Dirk Hergesell, August-Bernhard Jacobs,
Barbara Kroll, Elinor Matt, Werner Roose,
Rainer Schremb, Britta Wurst

Unter Beratung von
Andrea Brambach-Becker und Andrea Hüttig

Cornelsen

# Inhaltsverzeichnis

## Arbeitstechnik



## Planen, schreiben, überarbeiten



## Gattungen – Zu Texten schreiben



## Rechtschreiben

## Grammatik



## Der Kompetenztest



## Wissenswertes auf einen Blick



[W] Hier findest du Wahlaufgaben und weiterführende Aufgaben.

**Die Aufgabentypen**

Mit den Übungen und Aufgaben dieses Arbeitsheftes werden die schriftlichen Aufgabentypen des Kernlehrplanes Nordrhein-Westfalen trainiert; insbesondere:

**Schriftlicher Aufgabentyp 1 b):**
auf der Basis von Materialien erzählen
S. 16–23, 32–35

**Schriftlicher Aufgabentyp 2 b):**
auf der Basis von Beobachtungen beschreiben
S. 12–15

**Schriftlicher Aufgabentyp 4 a):**
Literarische Texte aufgabengeleitet untersuchen
S. 28–31

**Schriftlicher Aufgabentyp 4 b):** Sachtexte fragengeleitet und aufgabengeleitet untersuchen
S. 4–11, 88–89

**Schriftlicher Aufgabentyp 5:**
Texte nach vorgegebenen Kriterien überarbeiten
S. 15, 18–23, 25–27, 31, 34–35, 93

**Schriftlicher Aufgabentyp 6:**
Texte nach Textmustern verfassen
S. 28–31

# Der Textknacker

**Der Sachtext informiert darüber,
wie wilde Tiere zu Haustieren wurden.
Mit dem Textknacker knackst du den Text.**

**1** **a.** Sieh dir das Bild genau an.
**b.** Was ist auf dem Bild zu sehen?
Schreibe fünf kurze Sätze auf.
Du kannst die Wörter und Wortgruppen vom Rand nutzen.

*Der Jäger trägt Speer, Pfeil und Bogen.*

Textknacker Schritt 1:
**Bilder erzählen** dir **viel**, schon bevor du mit dem Lesen anfängst.

| | | |
|---|---|---|
| ~~der Jäger~~ | ~~trägt~~ | Beeren |
| ein Wolf | begleitet | aus Stein |
| die Menschen | sind | das Fleisch |
| die Werkzeuge | sammelt | den Jäger |
| ein Kind | zerteilen | ~~Speer, Pfeil und Bogen~~ |

**Das Bild gehört zu einem Text mit der folgenden Überschrift:**

## Die Geschichte der Haustiere

**2** **a.** Lies die Überschrift des Textes.
**b.** Worum geht es vermutlich in dem Text? Schreibe einen Satz auf.
Du kannst die Wortgruppen vom Rand benutzen.

Textknacker Schritt 2:
Die **Überschrift** verrät dir etwas über das **Thema des Textes.**

- In dem Text geht es vermutlich um …
- Vielleicht wird im Text erklärt, wie … zu … wurden.
- In dem Text kann ich etwas über … erfahren.

**3** Lies zuerst den ganzen Text.
Teil 2 des Textes findest du auf Seite 7.

> Textknacker Schritt 3:
> Einen **Gesamteindruck** vom Inhalt des Textes bekommst du, wenn du ihn einmal **als Ganzes liest**.

## Teil 1

☐ Noch **vor ungefähr 10 000 Jahren lebten** die Menschen in **Höhlen**, Hütten oder Zelten. Als **Jäger und Sammler** waren sie ständig auf der Suche nach Nahrung unterwegs. Sie aßen **Wurzeln und Beeren** und das **Fleisch** von Tieren. Sie lebten und **jagten in Horden*** mit ihren **einfachen Waffen** aus Holz, Knochen und Stein.

* die Horde – eine Gruppe von Menschen

☐ **Wölfe jagen** in **Rudeln*** – also ähnlich wie die Menschen. Die Wölfe kamen vermutlich in die Nähe der Menschen, weil sie deren Abfälle, z. B. Knochen, fressen konnten. Die Menschen stellten fest, dass sie **mit einem Wolf zusammen gut jagen** können. Vielleicht haben sie auch selbst **Wolfsjunge** aufgezogen. Für diese jungen Wölfe war ihre Menschenhorde so wichtig wie für wilde Wölfe ihr Rudel. Und deshalb **beschützten** sie die Menschen. Durch den **Kontakt** mit dem Menschen hat sich aus dem Wolf der **Hund entwickelt**. Die sehr unterschiedlichen **Hunderassen***, die wir heute kennen, sind aber erst später entstanden.

* das Rudel – eine Gruppe von Raubtieren einer Art

* Hunderassen – verschiedene Hunde, die sich im Aussehen deutlich unterscheiden

**4** In Teil 1 des Textes gibt es zwei Absätze.
Nummeriere die Absätze mit 1 und 2.

> Textknacker Schritt 4:
> **Absätze** gliedern den Text. Was in einem Absatz zusammensteht, gehört inhaltlich zusammen.
> Manchmal stehen auch **Zwischenüberschriften** über den Absätzen.

**5** Finde eine passende Überschrift zu den beiden Absätzen.
Schreibe die Überschriften auf die Linien.
- Du kannst dir selbst Überschriften ausdenken.
- Du kannst auch aus den Überschriften vom Rand auswählen.

1 ______________________________

2 ______________________________

- Die Entwicklung vom Wolf zum Hund
- Jäger und Sammler

**6** Worum geht es in den einzelnen Absätzen des Textteils?
Schreibe zu jedem Absatz Stichworte in dein Heft.
- Du kannst die hervorgehobenen Wörter verwenden.
- Du kannst auch noch andere Schlüsselwörter verwenden.

Starthilfe

**Die Geschichte des Haustiers – meine Schlüsselwörter**
1. Absatz – Jäger und Sammler: bis vor 10 000 Jahren, Höhlen, aßen ...
2. Absatz – ...

> Textknacker Schritt 5:
> **Manche Wörter** sind zum Verstehen **besonders wichtig**, sie sind **Schlüsselwörter**. Oft sind sie unterstrichen, fett gedruckt oder farbig – so wie in diesem Buch.

Der Text über die Geschichte der Haustiere geht noch weiter.

**7** **a.** Sieh dir das Bild genau an.
**b.** Welche Tiere siehst du? Was tun sie oder was passiert mit ihnen? Schreibe sechs kurze Sätze auf. Du kannst die Wörter vom Rand benutzen.

______________________________
______________________________
______________________________
______________________________
______________________________
______________________________

| |
|---|
| ein Schaf<br>die Rinder<br>eine Ziege<br>ein großer Hund<br>die Schweine<br>zwei kleine Hunde |
| wird gemolken<br>wird geschoren<br>werden gehütet<br>wühlen<br>liegt<br>hüten |
| im Schlamm<br>in der Sonne<br>die Rinder |

**8** Was tun die Menschen auf dem Bild? Schreibe Stichworte mit den Wörtern vom Rand auf.

*das Feld bearbeiten,* ______________________________
______________________________
______________________________
______________________________

| | |
|---|---|
| ~~das Feld~~ | tragen |
| Fellkleidung | holen |
| Wasser | mahlen |
| die Pflanzen | ~~bearbeiten~~ |
| das Getreide | wässern |

**9** Worum geht es wohl im zweiten Teil des Textes? Schreibe deine Vermutung in ganzen Sätzen in dein Heft. Du kannst die Wortgruppen vom Rand nutzen.

Starthilfe

Vermutlich geht es in dem zweiten Teil des Textes um Menschen, die Felder bearbeiten und Tiere ...

Vermutlich geht es um ...
Auf dem Bild sind ... zu sehen.
Außerdem ...
Man kann sehen, wie ...
Zum Beispiel werden ...

**10** Lies den zweiten Teil des Textes.

## Teil 2

Erst vor ungefähr 10 000 Jahren begannen die Menschen, **Getreide und andere Feldfrüchte** anzubauen, und wurden **sesshaft**, das heißt, dass sie an einem Ort wohnen blieben. Sie zähmten und züchteten weitere Tiere wie **Ziegen, Schafe und Kühe**. Diese **Nutztiere** lieferten auch **Milch**, aus der man dann **Butter** oder **Käse** herstellen konnte. Aus dem **Fell** von Schafen und Ziegen wurde **warme Kleidung** hergestellt. Aus dem **Leder** der Tierfelle wurden auch andere Dinge, wie zum Beispiel Eimer, angefertigt. Auch das **Schwein** wurde **domestiziert**. Es lieferte **Fleisch** und das besonders wichtige Fett. Dadurch mussten die Menschen nicht mehr so oft auf die gefährliche Jagd gehen. Dort, wo es keinen guten Boden für Nutzpflanzen gab, zogen sie als **Nomaden** durch das Land.

Der Mensch hat viele Tiere domestiziert. Aber kein anderes Haustier ist dem Menschen so nah gekommen wie der **Hund**. Er ist das einzige Haustier, das schon von Geburt an Zeichen des Menschen versteht. So kann der Mensch Hunde sehr gut für bestimmte Aufgaben ausbilden. Es gibt **Hirtenhunde**, **Wachhunde**, **Polizeihunde**, **Suchhunde** und **Blindenhunde**. Für viele Menschen ist der Hund deshalb mehr als ein Haustier – er ist ein Freund.

**11** Auch im Teil 2 des Textes gibt es zwei Absätze.
Nummeriere die Absätze mit 3 bis 4.

**12** Finde eine passende Überschrift zu jedem Absatz.
Schreibe die Überschriften auf die Linien.
- Du kannst dir selbst Überschriften ausdenken.
- Du kannst auch aus den Überschriften vom Rand auswählen.

> - Ein Freund des Menschen
> - Haustiere des sesshaften Menschen

3 ______________________________

4 ______________________________

**13** Worum geht es in den einzelnen Absätzen des Textteils?
Ergänze deine Lösung zu Aufgabe 6 von Seite 5.
Schreibe zu jedem Absatz Stichworte in dein Heft.
- Du kannst die hervorgehobenen Wörter verwenden.
- Du kannst auch noch andere Schlüsselwörter verwenden.

Starthilfe

> **Die Geschichte der Haustiere – meine Schlüsselwörter**
> …
> 3. Absatz – Haustiere des sesshaften Menschen: seit ungefähr 10 000 Jahren, Getreide und Feldfrüchte, sesshaft …

**In Sachtexten gibt es oft für dich unbekannte Wörter.**

**14** Lies noch einmal den ganzen Text (Teil 1 und Teil 2).
Welche Wörter kennst du nicht? Unterstreiche sie.

**Einige Wörter kannst du dir aus dem Textzusammenhang erklären.**

**15** Erkläre das Wort **Nutztier** mit deinen eigenen Worten.
Gib dabei auch ein Beispiel für ein Nutztier an.
Beschreibe, wie dieses Tier den Menschen hilft.
**Tipp:** Das Wort Nutztier ist mit dem Wort Nutzen verwandt.

*Ein Nutztier ist ein Tier, das* ______________________

______________________

______________________

______________________

______________________

**Bei einigen Wörtern kannst du Hilfsmittel nutzen.**

**16** Welche Wörter werden am Rand erklärt?
Schreibe die Wörter und die Erklärungen in dein Heft.

Starthilfe
die Horde – eine Gruppe von …
…

Textknacker Schritt 6:
Manche **Wörter** werden **erklärt**: Schau am **Rand** oder **unter dem** Text nach.

**17** Welche Wörter aus dem Text werden durch Bilder am Rand erklärt?
Schreibe diese Wörter neben die Nummern der Bilder.

1 ______________________

2 ______________________

3 ______________________

4 ______________________

Textknacker Schritt 7:
Manchmal gibt es weitere **Bilder am Rand** des Textes oder im Text. Sie helfen dir, den Text zu verstehen.

**18** **a.** Schlage im Lexikon die Wörter **domestizieren** und **Nomaden** nach.
**b.** Schreibe die Sätze mit diesen zwei Wörtern in dein Heft.
**c.** Markiere die beiden Wörter.
**d.** Schreibe jeweils darunter, was der Satz bedeutet.
Umschreibe dabei diese Wörter mit eigenen Worten.

Starthilfe
Auch das Schwein wurde domestiziert.
Das bedeutet, dass der Mensch wilde …

Textknacker Schritt 8:
Suche Wörter, die du nicht verstanden hast, im **Lexikon** – aber erst zum Schluss.

**domestizieren**:
wilde Tiere zähmen, also zu Nutztieren machen

**Nomaden**:
Menschengruppen, die mit ihren Tierherden auf der Suche nach Nahrung herumwandern. Sie leben oft in Zelten.

**19** Beantworte die folgenden Fragen zu Teil 1 des Textes.
Ergänze oder schreibe dazu jeweils Antwortsätze.

**a)** Als was waren die Menschen vor ungefähr 10 000 Jahren unterwegs?

Die Menschen waren als ____________________ und ____________________ unterwegs.

**b)** Woraus bestand die Nahrung der Jäger und Sammler?

Die Nahrung ____________________________________________________.

**c)** Welche Wörter verwendet man für „Gruppen“? Ergänze.

Menschen lebten und jagten in ____________________ – Wölfe

leben und jagen in ____________________.

**d)** Was konnten die Menschen gut mit dem Wolf zusammen tun?

Die Menschen konnten mit dem Wolf gut zusammen ____________________.

**e)** Was taten junge Wölfe für Menschen, die sie aufgezogen hatten?

____________________________________________________

**f)** Welches Tier hat sich durch den Kontakt mit Menschen aus dem Wolf entwickelt?

____________________________________________________

____________________________________________________

**Eine Zusammenfassung zeigt, was du verstanden hast.**

**20** Vervollständige die folgende Zusammenfassung vom zweiten Teil des Textes in deinem Heft.
Du kannst den Text auch ändern und erweitern.
**Tipp:** Gestalte deinen Text mit Bildern.

**Wie der Mensch begann, Nutztiere zu halten**

Vor ungefähr 10 000 Jahren wurden die Menschen ____. Sie zähmten und züchteten viele Tiere, wie zum Beispiel ____, ____ und ____. Diese Nutztiere lieferten Milch, aus der die Menschen ____ und ____ machten. Das ____ von Schafen und Ziegen wurde von den Menschen für warme ____ benutzt. Aus dem Leder wurden zum Beispiel ____ gemacht. Auch das ____ wurde domestiziert. Es lieferte viel ____ und ____, sodass die Menschen nicht mehr so oft auf die ____ gehen mussten. Wenn es keinen guten Boden gab, zogen die Menschen mit ihren Tierherden als ____ durch das Land. Der Mensch hat viele Tiere domestiziert. Aber kein Haustier steht ihm so nah wie der ____. Der Mensch kann Hunde für bestimmte Aufgaben ____. Zum Beispiel als ____, ____, ____, ____ und ____. Deshalb ist der Hund für viele Menschen nicht nur ein ____, sondern ein ____.

# Das kann ich! – Texte lesen und verstehen

Wenn du den folgenden Text genau liest, kannst du die Fragen auf der nächsten Seite richtig beantworten.

| 1. Bilder | 2. Überschrift | 3. Gesamteindruck | 4. Absätze |
|---|---|---|---|
| 5. Schlüsselwörter | 6. Worterklärungen | 7. Bilder am Rand | 8. Nachschlagen |

**1** Lies den Text Schritt für Schritt mit dem Textknacker.

**Das Trampeltier, das Dromedar und andere Kamele**

*1* In Deutschland schimpft man gelegentlich: „Du Kamel – du Trampeltier!“ Es gibt viele Gegenden der Welt, in denen die Wörter für Kamele oder Trampeltiere niemals beleidigend verwendet werden. Im Gegenteil: Dort haben die Menschen großen Respekt vor diesen nützlichen Tieren. Kamele gehören zu den Säugetieren. Zur Familie der Kamele gehören das Dromedar und das Trampeltier in Afrika und Asien sowie die Lamas in Südamerika.

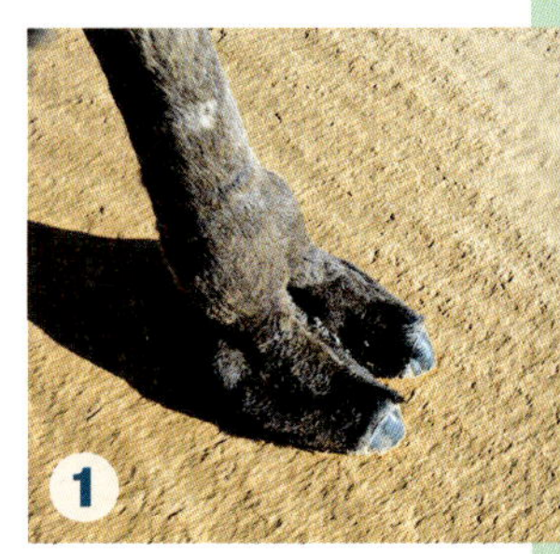


*2* Das Trampeltier lässt sich vom Dromedar durch die Zahl der Höcker* unterscheiden. Das Dromedar hat nur einen Höcker und lebt in Afrika und Südwestasien. Das Trampeltier hat zwei Höcker und kommt vor allem in Zentralasien vor. Beide Arten sind an das Leben in der Wüste besonders gut angepasst, ihre breiten Füße tragen sie sicher durch den Sand und sie können sehr viel Wasser in ihrem Körper speichern. Früher dachte man, dass ihre Höcker Wasserspeicher wären, aber diese bestehen vor allem aus Fett. Wilde Trampeltiere sind heute vom Aussterben bedroht. Wilde Dromedare gibt es seit ungefähr 2 000 Jahren nicht mehr.

* der Höcker – ein rundlicher Buckel auf dem Rücken

*3* Dromedare und Trampeltiere wurden vor ungefähr 5 000 Jahren domestiziert. Als Lasttiere* und Reittiere sind sie besonders nützlich. Sie können am Tag 170 bis 270 Kilogramm über eine Strecke von fast 50 Kilometern tragen. Beide Tiere sind wichtige Lieferanten von Fleisch, Fett und Milch. Auch die Wolle und das Fell werden für Kleidung und Decken verwendet. In Saudi-Arabien sind Kamelrennen ein Nationalsport. Oft wurden die 64 km/h schnellen Tiere bei den Rennen von Kindern geritten, weil sie leicht sind. Der Einsatz von Kindern ist inzwischen verboten und so werden heute häufiger Roboter benutzt.

* das Lasttier – ein Tier, das für den Menschen schwere Dinge trägt

*4* Die Lamas in Südamerika wurden vor 4 000–5 000 Jahren domestiziert. Lamas dienen als Lasttiere und haben durch ihre schmalen Füße sicheren Halt in den Bergen. Außerdem geben sie eine sehr gute Wolle. Lamas können sehr treffsicher spucken. Meist spucken sie aber ihre Artgenossen* an und nicht die Menschen.

* der Artgenosse – ein Tier der gleichen Art, also für ein Lama ein anderes Lama

**2** Wie lautet der folgende Satz richtig? Kreuze an.

Bei dem Text handelt es sich um ...

☐ A ... ein Märchen, in dem Kamele eine wichtige Rolle spielen.

☐ B ... einen Sachtext über Trampeltiere, Dromedare und Lamas.

☐ C ... einen Bericht über ein Renndromedar.

**3** Welche Überschrift passt zu welchem Absatz?
Schreibe die Nummer des richtigen Absatzes vor die Überschrift.

____ Dromedare und Trampeltiere ____ Kamele und ihr Nutzen für den Menschen
____ Lamas ____ „Du Kamel!“ ist nicht überall ein Schimpfwort

**4** Was zeigen die Bilder? Ergänze die richtigen Nummern.

____ ein Dromedar ____ ein Trampeltier
____ ein Lama ____ den Huf eines Kamels

**5** Welche Vorteile hat das Kamel für den Menschen?

Er kann es als L________________ und als R________________ nutzen.

Es gibt ihm F____________, F____________ und M____________ für die Ernährung.

Die W____________ und das F____________ werden für Kleidung und Decken

verwendet. K__________________________ sind sportliche Wettkämpfe mit Kamelen.

**6** Welches Wort kann man so erklären?
Setze das richtige Wort aus dem Text ein.

> ______________________ sind Maschinen,
> die nach Programmen Aufgaben erledigen.

**7** Ergänze passende Wörter in den Lücken.

Kamele können ungewöhnlich viel ________________ speichern. Ihre Höcker bestehen

hauptsächlich aus ___________. Trampeltiere und Dromedare leben in ______________

und ______________. Lamas leben in __________________________. Sie geben gute

____________ und können zielgenau ___________________.

**8** Sind die folgenden Sätze richtig oder falsch? Kreuze an.
**Tipp:** Manchmal ist der Satz nur wegen eines Wortes falsch.

| | richtig | falsch |
|---|---|---|
| **a)** Kamele wurden vor ungefähr 5 000 Jahren zu Haustieren. | ☐ | ☐ |
| **b)** Kamele können einen, zwei oder keinen Höcker haben. | ☐ | ☐ |
| **c)** Der Höcker ist der Wasserspeicher des Kamels. | ☐ | ☐ |
| **d)** Die Wolle der Kamele wird viel verarbeitet. | ☐ | ☐ |
| **e)** Heute werden bei Kamelrennen Roboter als Reiter eingesetzt. | ☐ | ☐ |

Punkte

- 2: ☐ /1 Punkt
- 3: ☐ /4 Punkte
- 4: ☐ /4 Punkte
- 5: ☐ /8 Punkte
- 6: ☐ /1 Punkt
- 7: ☐ /7 Punkte
- 8: ☐ /5 Punkte

Gesamtpunktzahl: ☐ /30 Punkte

# Beschreiben

## Ein Haustier beschreiben

**Große Aufregung: Lisa bekommt einen Hund, und zwar einen neun Wochen alten Beagle!**

**1** Wie sieht Lisas Hund aus? Beschreibe möglichst genau. Sieh dir dazu das Foto genau an und beschreibe es. Du kannst die Sätze vom Rand verwenden.

*Lisas Hund ist noch sehr klein.*

*Das Fell ist …*

| | |
|---|---|
| ~~Lisas Hund ist~~ | tapsig. |
| ~~Das Fell ist~~ | dunkel und freundlich. |
| Es hat die Farben | halbrund. |
| Die Augen sind | weich und glänzend. |
| Die Ohren sind | Weiß, Braun und … |
| Die Schnauze ist | kurz. |
| Die Nase ist | ~~noch sehr klein.~~ |
| Die Beine sind | hell. |
| Die Pfoten sind | eine weiße Spitze. |
| Der Schwanz hat | schwarz. |

**2** Lisa beschreibt den neuen Hund in einer E-Mail an ihre Freundin. Ergänze passende Wörter und Wortgruppen aus Aufgabe 1.

Hallo, Tula,

endlich habe ich ein Haustier! Mein neuer ______ ist erst neun Wochen alt und ist ein ______. Es ist eine Hündin und ich habe sie Sally genannt. Sie ist noch sehr ______. Mit ihren dunklen ______ guckt sie mich ganz ______ an. Ihr ______ ist weich und glänzend und hat die ______ Weiß, Braun und Schwarz. Auf der hellen ______ hat sie eine ______ Nase. Ihre ______ haben eine halbrunde Form und hängen herunter. Wenn sie sich freut, wedelt sie mit ihrem ______. An der Spitze ist er ______ gefärbt. Sally hat immer Hunger. Sie bekommt jeden Tag rohes Fleisch und Gemüse. Ich mag besonders, wie sie auf ihren tapsigen, kurzen ______ hinter mir herläuft. Sie braucht natürlich viel Auslauf. Ich muss jeden Tag mit ihr spazieren gehen. Wann kommst Du vorbei, um mit uns auf der Wiese zu toben?

Viele Grüße, Lisa

Bei der Beschreibung von Tieren helfen dir **Merkmale.**

**3** Ordne den Fragen die Merkmale vom Rand zu.

Wie heißt das Tier? ______________ Wie alt ist es? ______________

Was für ein Tier ist es? ____Art____, ______________

Was frisst das Tier? ______________

Wie muss man das Tier halten? ______________

Wie sieht das Tier aus? ______________, ______________,

______________, ______________,

______________, ______________, ______________

Woran kann man dieses Tier besonders leicht erkennen?

______________

**Merkmale:**
- Name
- Alter
- Rasse
- Größe
- Fell
- Beine und Pfoten
- Schwanz
- Augen
- ~~Art~~
- Ohren
- Farben
- Futter
- Haltung
- besondere Kennzeichen

**4** Fülle den folgenden Steckbrief für Haustiere mit Sallys Angaben aus.
Das Foto und Lisas E-Mail von Seite 12 helfen dir dabei.

Name: ______________ Art: ____Hund____

Rasse: ______________ Alter: ______________

Futter: ______________

Haltung: ______________

**Aussehen**

Größe: ______________

Fell: ______________ Farben: ______________

Beine und Pfoten: ______________

Schwanzlänge: ______________

Augen: ______________ Ohren: ______________

Besondere Kennzeichen: ______________

Bearbeite die folgende Aufgabe in deinem Heft.

Z **5** Hast du ein Haustier oder ein Lieblingstier?
Beschreibe es möglichst genau.
- Verwende die Merkmale aus den Aufgaben 3 und 4.
- Du kannst ein Tierbuch als Hilfe benutzen.

**Tipp:** Besonders schön wird deine Beschreibung mit einer Zeichnung oder einem Foto.

➤ Einen Steckbrief schreiben: siehe: Wissenswertes auf einen Blick, Umschlag vorn

**Tula beantwortet noch am gleichen Tag die E-Mail von Lisa.**

Hi, Lisa,

das klingt toll! Ich kann mir Sally schon richtig gut vorstellen. Schick mir bitte ein Foto! Aber ich komme bestimmt auch bald vorbei und schaue mir Sally selbst an. Ich habe auch eine Neuigkeit: Unsere Meerschweinchenzucht gelingt sehr gut! Bei den letzten Würfen gab es viele Junge. Einige haben wir schon abgegeben. Die drei auf den Fotos sind noch übrig. Vielleicht weißt du jemanden, der sie haben möchte. Die kleinen Meerschweinchen sind jetzt acht bis zwölf Wochen alt und haben noch keine Namen.

Bis bald Tula

PS: Die Fotos sind in der Anlage!

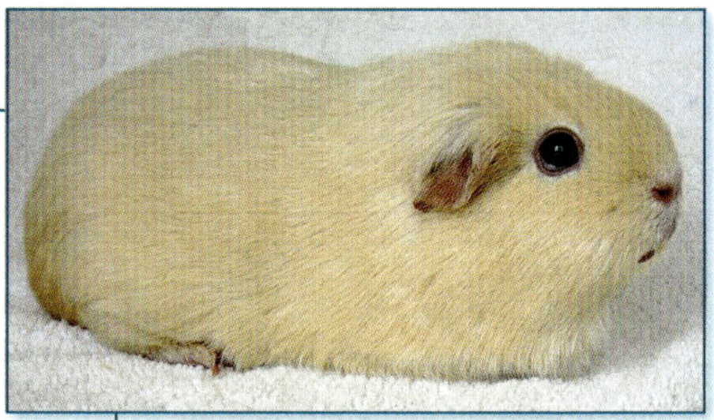
ein Glatthaar-Meerschweinchen

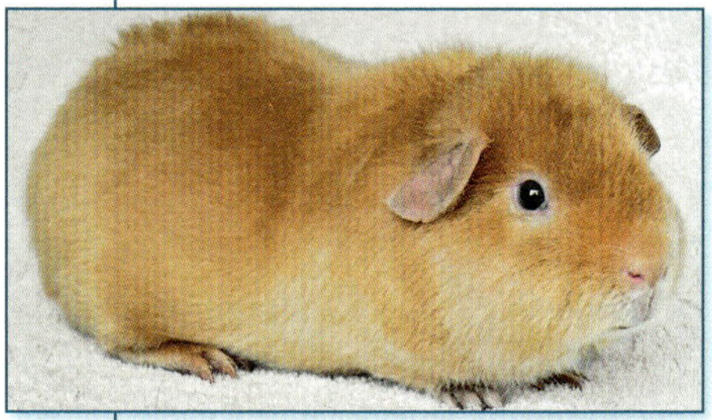
ein Rex-Meerschweinchen

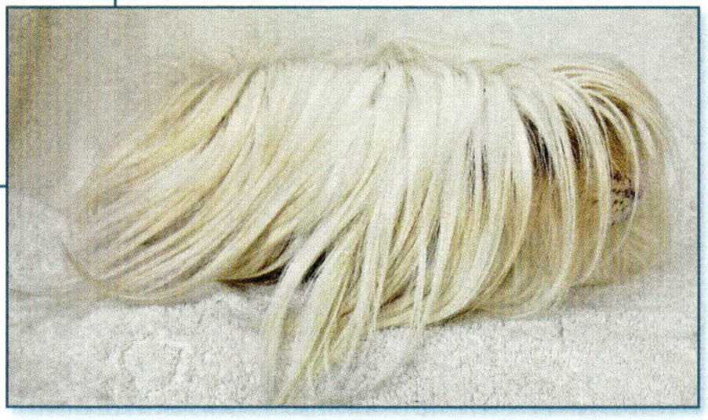
ein Peruaner-Meerschweinchen

**6** **a.** Lies die E-Mail.
**b.** Sieh dir die drei Fotos genau an.
Welches Meerschweinchen gefällt dir am besten?

**Eine Freundin oder ein Freund von dir möchte vielleicht eines der Meerschweinchen haben.**

**7** Beschreibe deiner Freundin oder deinem Freund dein Lieblingsmeerschweinchen genau. Schreibe einen Brief in dein Heft. Verwende die Merkmale von Seite 13.

**Starthilfe**
Hallo, ..., möchtest du ein junges Meerschweinchen haben?
Das Meerschweinchen ist ein ...

## Z Weiterführendes: Mit gesteigerten Adjektiven vergleichen

**Mit gesteigerten Adjektiven kannst du Tiere vergleichen.**

**8** Vergleiche die drei Meerschweinchen auf Tulas Fotos.
Ergänze dazu die Adjektive und Steigerungen vom Rand.

Die Fellfarbe vom Rex ist ____________ und nicht dunkel.

Die Fellfarbe vom Glatthaar ist sogar noch ________________.

Die Fellfarbe vom Peruaner ist ______ ________________.

Das Fell des Rex ist nicht _____________, sondern eher kurz.

Das Fell des Glatthaar-Meerschweinchens ist etwas _______________.

Das Fell der Rasse Peruaner ist ______ ________________.

am längsten
hell
lang
heller
am hellsten
länger

# Das kann ich! – Tiere beschreiben

Punkte

**1** Ergänze die fehlenden Merkmale in dem folgenden Steckbrief. Sieh dir dazu Kuno auf dem Foto genau an.

/ 10 Punkte

______________: Kuno ______________: 12 Jahre alt

Art ___________: Hütehund ______________: Deutscher Schäferhund

______________: rohes Fleisch und Gemüse

______________: strenge Erziehung, Geduld und Verständnis sind wichtig; braucht viel Auslauf und eine interessante Beschäftigung

**Aussehen**

______________ und Gewicht: etwa 60 cm (Schulterhöhe) und etwa 30 kg

______________: weich und ziemlich kurz

______________: Schwarz mit rotbraunen, braunen oder gelben Abzeichen

Beine und Pfoten: die Pfoten sind rundlich und kurz

Schwanz (Rute): sichelförmig und herabhängend

______________: dunkel ______________: spitze Stehohren

Besondere Kennzeichen: weißer Fleck auf der Rute

**2** Schreibe die folgende Beschreibung von Kuno in dein Heft. Ergänze die Lücken mit den Informationen aus dem Steckbrief.

/ 10 Punkte

Der Hund auf dem Foto heißt ____. Er ist ____ alt und ein Deutscher Schäferhund. Er ist ____ hoch und wiegt etwa 30 kg. Sein Fell ist weich, ziemlich kurz und hat die ____ Schwarz, Rotbraun und ein bisschen Gelb. Kuno hat rundliche und kurze ____. Seinen ____ lässt er meistens hängen. Kunos Augen sind ____, seine ____ sind spitz und aufrecht. An dem hellen ____ auf seinem Rücken erkennt man ihn besonders leicht. Damit Kuno gesund bleibt, bekommt er jeden Tag rohes ____ und Gemüse. Schäferhunde brauchen eine strenge Erziehung und viel Auslauf.

**3** Vergleiche die verschiedenen Meerschweinchen-Rassen. Ergänze dazu die passenden Steigerungsformen vom Rand.

/3 Punkte

am längsten
lang
länger
kurz
kürzer
am kürzesten

Das Fell der Rasse Peruaner ist nicht ____________, sondern lang.

Das Fell des Glatthaar-Meerschweinchens ist viel ______________.

Das Fell vom Rex-Meerschweinchen ist ______ ______________.

Gesamtpunktzahl: /23 Punkte

# Zu Bildern erzählen

## Mit den Handlungsbausteinen zu Bildern erzählen

Jeden Sonntag freut sich der Junge sehr auf den Besuch beim Opa. Er steht sonntags immer als Erster auf. Heute müsste er eigentlich warten, bis die Eltern aufstehen und mit ihm zu Opa fahren, aber ...

➤ Nach einem Erzählplan erzählen, siehe: Umschlagklappe hinten

**1** Worum geht es in der Bildergeschichte?
Ergänze die Lücken in dem folgenden Satz.

➤ Eine Geschichte verstehen, siehe: Wissenswertes auf einen Blick, Umschlag vorn

In der ______________________ geht es um

einen kleinen ______________, der zu seinem __________ will.

Doch der __________ ist zu lang und er wird ____________.

**Du kannst auf den Bildern alle Handlungsbausteine der Geschichte finden.**

**2** Was erfährst du über den Jungen und die Situation auf Bild **A**?
Notiere Stichworte. Die Wörter und Fragen am Rand helfen dir.

**Hauptperson und Situation**

Hauptperson: *ein kleiner Junge,* ______________________________

______________________________________________

Situation: ______________________________________

______________________________________________

er hat …
er ist …
Wo? Wann?

**3** Welchen Wunsch hat der Junge? Schreibe einen Satz auf.
**Tipp:** Achte auf die Sprechblase in Bild **B**.

**Wunsch**

*Der kleine Junge möchte* ______________________________

**4** Welches Hindernis tritt für den Jungen auf?
Beschreibe das Hindernis in ganzen Sätzen.
Die Wörter am Rand helfen dir.

**Hindernis**

______________________________________________

______________________________________________

______________________________________________

Der Weg ist …
Der Junge wird …
… wird vermisst …

**5** Wie reagiert die Hauptperson auf das Hindernis?
Wie reagieren die anderen Personen?
Notiere die Reaktionen in Stichworten in der Tabelle.

**Reaktion**

| Person | der Junge | die Mutter | der Polizist |
|---|---|---|---|
| Reaktion | *wird müde,* ______ | *ruft die …* ______ | ______ |
| | ______ | ______ | ______ |

**6** Wie endet die Geschichte? Schreibe einen Satz auf.
Die Wortgruppen am Rand helfen dir.

**Ende**

*Am Ende findet der* ______________________________

______________________________________________

______________________________________________

… an einem Baum …
… den müden Jungen …
… seinen Hund …

**Mit den Handlungsbausteinen kannst du zu den Bildern eine Geschichte schreiben.**

Wunsch

Hauptperson und **Situation**

Ende

**7** In welcher Reihenfolge kommen die Handlungsbausteine in der Bildergeschichte vor?
Ergänze die fehlenden Handlungsbausteine zu den passenden Bildern.

______________________
______________________

______________________
______________________

Hindernis
und **Reaktion**

Hindernis
und **Reaktion**

Reaktion

______________________
______________________

**Inga hat zu den Bildern eine Geschichte geschrieben. Sie hat mit der Hauptperson und der Situation angefangen. Die Teile von Ingas Geschichte kannst du noch verbessern.**

**Erzähltipp:**
Erzähle anschaulich, lebendig und abwechslungsreich. Verwende dazu **treffende Adjektive**, **abwechslungsreiche Verben**, **verschiedene Satzanfänge** und **wörtliche Rede**.

**8** Beschreibe Hauptperson und Situation anschaulich.
**a.** Ergänze dazu passende Adjektive auf den Linien.
**Tipp:** Achte auf die richtige Form der Adjektive.
**b.** Wie heißen der Junge und der Hund? Denke dir Namen aus.
Ergänze auf den roten Linien ihre Namen.

Ein _heller_ Sonnenstrahl hatte den Jungen schon ganz früh an der ______________ Nase gekitzelt und da stand er sofort auf. Im ____________ Flur wurde er mit ____________ Schwanzwedeln von seinem ____________ Hund begrüßt. Der lief gleich voraus in die Küche, in der es für eine Hundenase immer so ______________ riecht. Der Junge füllte den Trinknapf mit ____________ Wasser und holte den bereits ______________ Fressnapf aus dem Kühlschrank. Während der Hund ____________ fraß, aß er selbst einen ____________ Joghurt. Der ____________ Junge war sechs Jahre alt und hieß ______________. Sein Hund hörte auf den Namen ______________.

~~heller~~
verlockend
sommersprossigen
gefüllten
sahnigen
dunklen
genussvoll
kleinen
freudigem
frischem
kleine

**Für den Handlungsbaustein „Wunsch“ will Inga wörtliche Rede verwenden. Sie hat ihre Ideen als Sprechblasen notiert.**

**Wunsch**

**9** Erkläre den „Wunsch“ des Jungen in einem Gespräch .
Baue dazu die Texte aus den Sprechblasen an passenden Stellen ein.
Denke dabei an die Zeichensetzung.

„Die Eltern schlafen lange, wie jeden Sonntag“ ____, sagte der Junge etwas missmutig zu seinem Hund. Dieser schaute von seinem Napf auf, und es sah fast so aus, als ob er nickte. ________________________________________ ________________, erklärte der Junge und fragte: ____________ ____________ Mit einem doppelten ______________ bestätigte der Hund, dass dies eine sehr gute Idee war. ____________ ________________________________________, meinte der Junge, worauf ihn der Hund mit hängender Zunge anschaute. ________________________________________ ________________, fiel es dem Jungen plötzlich ein. Der Hund schien einverstanden zu sein. Als der Junge angezogen mit seinem kleinen Rucksack, dem von Opa geschnitzten Stock und seiner Kappe auf dem Kopf aus der Tür trat, rannte der Hund begeistert die Treppe hinunter.

~~„Die Eltern schlafen lange, wie jeden Sonntag.~~“

„Aber wir müssen leider warten, bis die Eltern fertig sind.“

„Wir könnten doch zu Fuß vorlaufen.“

„Wuff, wuff!“

„Heute gehen wir zu Opa in den Garten und spielen mit dem Ball.“

„Freust du dich?“

**Beim Handlungsbaustein „Hindernis“ hat Inga immer das gleiche Verb verwendet, sodass der Text langweilig wirkt.**

**Hindernis**

**10** Ersetze das Verb durch abwechslungsreiche Verben im Präteritum.
Streiche dazu das Wort durch. Schreibe auf die Linien dahinter.

Der Junge ~~ging~~ rannte durch die Innenstadt. Er **ging** ____________ an einem Blumenladen vorbei. Sein Hund **ging** ____________ neben ihm. An der Ampel **ging** ____________ er ____________ nach rechts. Dann **ging** ____________ er mal nach rechts ______ und mal nach links. Schließlich **ging** ____________ er durch eine Straße mit schönen Gärten und großen Häusern. Er **ging** ____________ nicht mehr so schnell, weil er müde wurde. Und er wusste nicht mehr, wo er war. Plötzlich merkte er, dass er die Stadt verlassen hatte. Müde setzte er sich unter einen Baum und schlief ein. Sein Hund **ging** ____________ nicht von seiner Seite.

wendete ... sich
lief
~~rannte~~
spazierte
war
kam
bog ... ab
wich

### Wie reagieren die Eltern?

Reaktion

Eine Stunde suchten die Eltern morgens ihren Sohn. Sie fragten sogar die Nachbarn, aber der Junge blieb verschwunden. Also riefen sie die Polizei. Kurze Zeit später hielt ein Polizeiwagen vor der Tür. Der Polizist stellte die üblichen Fragen und machte sich Notizen. „Wir finden Ihren Jungen schon!“, sagte er und stieg in sein Auto. Er überlegte, was er jetzt über den Jungen wusste. Die Mutter hatte die Kleidung beschrieben und ihm ein Foto mitgegeben. „Am besten fülle ich erst einmal die Vermisstenanzeige aus“, dachte der Polizist.

**11** Schreibe eine möglichst genaue Vermisstenanzeige in dein Heft. Schreibe die **Personenbeschreibung** in ganzen Sätzen. Du kannst die Wortgruppen vom Rand verwenden.
**Tipp:** Schau dir den Jungen auf den Bildern noch einmal genau an.

Der Vermisste ist ungefähr ... groß.
Er trägt ...
Auf dem Kopf ...
Auf dem Rücken ...
Seine Jacke ist ...
Die Schuhe ...
Er hat ... bei sich.

Starthilfe

**Vermisstenanzeige**

Name: __________ Alter: __________

Zeitpunkt des Verschwindens: __________

Personenbeschreibung: __________

__________

**12** Gestalte den nächsten Teil von Ingas Geschichte abwechslungsreicher. Verwende dafür unterschiedliche Satzanfänge und Zeitangaben.

~~Dann~~ Zuerst kopierte der Polizist die Vermisstenanzeige für alle Kollegen. **Dann** __________ setzte er sich wieder in sein Auto. **Dann** __________ fiel ihm ein, dass der Junge vielleicht zu seinem Opa wollte. „Er freut sich jeden Sonntag so sehr darauf“, hatte die Mutter erzählt. **Dann** __________ schaute der Polizist auf dem Stadtplan nach, wo der Junge entlanggelaufen sein könnte. Zum Suchen fuhr er **dann** __________ in die Innenstadt. Dort sah er **dann** __________ eine alte Frau und zeigte ihr das Foto. **Dann** __________ antwortete die Frau, dass sie den Jungen gesehen habe. **Dann** __________ fuhr der Polizist in die Richtung, in die die Frau gezeigt hatte. **Dann** __________ sah er in einer Straße einen Mann im Garten. Auch ihn fragte der Polizist nach dem Jungen. Der Mann nickte und zeigte **dann** __________ zum Ortsausgang. Dort fand der Polizist **dann** __________ den Jungen schlafend an einem Baum.

~~zuerst~~
sogleich
daraufhin
danach
jetzt
schließlich
sofort
hinterher
nun
endlich
nach einer Weile

**Den Schluss möchte Inga als Gespräch zwischen dem Polizisten und dem kleinen Jungen schreiben. Sie hat sich Ideen notiert.**

**Ende**

Ich bin nicht weggelaufen, sondern nur vorgelaufen zu Opa.

Ja, und das ist mein Hund ____ .

Wusstest du, dass es bis zu deinem Opa zehn Kilometer sind?

Warum bist du denn alleine von zu Hause weggelaufen?

Bist du der ____ ?

Komm! Ich fahre dich nach Hause.

Nein, das wusste ich nicht.

**13** Wer sagt was? Ordne Ingas Ideen zu einem Gespräch.
Verwende dabei verschiedene Redebegleitsätze.
Vorschläge findest du am Rand.

*Der Polizist weckte den Jungen vorsichtig. Als der Junge zu sich gekommen war, fragte er ihn: „*

**Der Junge antwortete: „…“**
**Der Polizist wollte wissen: „…?“**
**„…“, erklärte der Junge.**
**Der Polizist fragte lachend: „…?“**
**„…“, staunte der Junge.**
**„…“, meinte der Polizist.**

**14** **a.** Schreibe nun die ganze Geschichte zu den Bildern in dein Heft.
- Du kannst Ingas Geschichte verwenden und sie ergänzen.
- Du kannst aber auch eine eigene Geschichte erzählen.

**b.** Denke dir eine Überschrift für die Geschichte aus.
Schreibe sie mit einem besonderen Stift über deine Geschichte.

## Das kann ich! – Zu Bildern erzählen

Wenn man immer Erster sein will …

**1** **a.** Sieh dir die Bildergeschichte genau an.
**b.** Welcher „Handlungsbaustein" gehört zu welchem Bild? Schreibe die Bausteine vom Rand zu den Bildern.
**Tipp:** Die Bilder A und B gehören zu einem Baustein.

| Hauptperson und Situation | |
|---|---|
| Wunsch | Hindernis |
| Reaktion | Ende |

**2** Paul hat sich einen Plan und Notizen gemacht. Seine Notizen sind durcheinandergeraten. Nummeriere die Notizen in der Reihenfolge seines Erzählplans.

**Pauls Erzählplan:**
1. Hauptperson und Situation
2. Wunsch
3. Hindernis
4. Reaktion
5. Ende

☐ – Kurze Zeit später hörte man einen Schrei und sah Wasser spritzen, wo eben noch Julian lief ______________. Er hatte wohl vergessen, dass zwischen Wiese und Bolzplatz ein breiter Graben war.

☐ – Julian war 10 Jahre alt und hatte zum Geburtstag einen neuen Fußball, ein Trikot und eine Hose bekommen. Deshalb lief ______________ er nun mit seinen Freunden zum Bolzplatz hinter der großen Wiese.

☐ – Die anderen Kinder liefen ______________ dann ______________ zu der Stelle. Dann ______________ lachten sie. Aber dann ______________ halfen sie dem Jungen heraus.

☐ – Auf dem Weg rief Julian dann ______________: „Ich bin als Erster am Tor!" Und dann lief ______________ er los. Die anderen liefen ______________ hinterher.

☐ – Kurz danach sieht ______________ man den fünf Kindern beim Fußballspielen nicht an, dass gerade etwas Aufregendes passiert war. Man wunderte sich vielleicht nur, warum der Junge im Tor barfuß in einem Mädchen-T-Shirt spielt ______________.

**3** Paul hat oft das gleiche Verb verwendet. Streiche das Verb viermal durch und ersetze es viermal mit den Wörtern vom Rand.

rannten, ging, war, sprintete

**4** Paul hat häufig das Wort dann verwendet. Streiche das Wort und ersetze es durch passende Zeitangaben.

plötzlich, sofort, danach, vorher

**5** In einem Abschnitt hat Paul zweimal das Präsens verwendet. Schreibe die passenden Präteritumsformen auf die Linie.

**6** **a.** Schreibe die Geschichte mit allen Verbesserungen in dein Heft. Halte dich dabei an Pauls Erzählplan.
**b.** Ergänze eine eigene passende Überschrift.

**Punkte**

| Aufgabe | Punkte |
|---|---|
| 1 | ☐ /5 Punkte |
| 2 | ☐ /5 Punkte |
| 3 | ☐ /4 Punkte |
| 4 | ☐ /4 Punkte |
| 5 | ☐ /2 Punkte |
| 6a | ☐ /8 Punkte |
| 6b | ☐ /2 Punkte |

Gesamtpunktzahl: ☐ /30 Punkte

# Ein Gruselerlebnis erzählen

**Nach einer Klassenfahrt gibt es oft viel zu erzählen.**

Es passierte auf einer Klassenfahrt im Herbst in einer Jugendherberge im Wald. Die 5 a und die 5 b bewohnten jeweils einen Turm der Burg. Die 5 a machte eine Nachtwanderung. Und die 5 b? Die 5 b wusste davon und wollte die 5 a auf der Nachtwanderung richtig erschrecken. Die Lehrerin der 5 b wusste Bescheid und hatte es auch dem Lehrer der 5 a gesagt. Aber die Klasse 5 a ahnte nichts. Rein gar nichts.

**Was passiert nachts im Wald? Erzähle aus der Sicht der Klasse 5 a. Plane deine Gruselgeschichte mithilfe der Handlungsbausteine.**

➤ Nach einem Erzählplan erzählen, siehe: Umschlagklappe hinten

**1** Gib mindestens drei Hauptpersonen Namen. Notiere ihre Eigenschaften.

*Sheila – ängstlich, ihre Freundin Josy –* ______

______

______

**Hauptperson und Situation**

**2** Welche Wünsche haben die Hauptpersonen für die Nachtwanderung? Notiere für mindestens drei Hauptpersonen Wünsche.

*Josy will Sheila beschützen,* ______

______

______

**Wunsch**

seinen Mut zeigen, etwas Aufregendes erleben, etwas zum Erzählen haben

**Bearbeite die folgenden drei Aufgaben in deinem Heft.**

**3** Welche gruselige Überraschung gibt es für die Klasse 5 a im Wald? Es darf niemand dabei verletzt werden. Beschreibe die Überraschung.

> **Starthilfe**
> Der bekannte Weg endete unerwartet. Dort, wo er sonst weitergeht, war plötzlich eine dichte Hecke. ...

**Hindernis**

kein Weg, Lachen, Weinen, Tierstimmen, Geräusche, Lichter, Schatten, Bewegungen

**4** Wie reagiert die Klasse 5 a auf das Gruselerlebnis? Beschreibe die Reaktionen von mindestens vier Personen.

> **Starthilfe**
> Sheila schrie, Josy umarmte Sheila, aber dann traute sich Sheila ...

**Reaktion**

schreien, weglaufen, erstarren, untersuchen, fragen, verfolgen, festhalten, leuchten

**5** Wie endet das Gruselerlebnis? Erzähle.

> **Starthilfe**
> Sheila erkennt die Stimme von Jan aus der 5 b, der bei ihr im Haus wohnt. Sie flüsterte zu Josy ...

**Ende**

**Pierre hat mithilfe der Handlungsbausteine das Gruselerlebnis aufgeschrieben. Du kannst seine Geschichte noch gruseliger gestalten.**

➤ Spannend erzählen, siehe Umschlagklappe hinten

**6** **a.** Ergänze den Text mit den Wörtern vom Rand. Du kannst auch andere Wörter verwenden.
**b.** Ergänze eine Überschrift, die zu der Geschichte passt.

______________________________

Nach dem Abendessen ging es los. Sheila leuchtete den Weg und nahm Josys Hand. Es waren __________ Wolken am Himmel und es schien kein Mond. Im Wald umgab sie absolute __________. Sheila __________ __________, als der Ruf eines __________ durch den Wald __________. Im Licht der Taschenlampen sahen die __________ der Bäume __________ lebendig aus, wie sie über den Weg wuchsen. Einer schrie vor __________, als eine __________ dicht an ihm vorbeiflatterte. __________ __________ blieben alle stehen. Der Weg war zu Ende, wo er sonst weiterging. Aber es war kein __________ möglich: Laub lag am Ende des Weges und im unruhig __________ Licht der Taschenlampen war ein __________ Gebüsch zu erkennen. Ein leichter Wind __________ sich und es __________ vor ihnen in den Zweigen. Einigen Kindern lief ein __________ über den Rücken. Für einen kurzen Moment __________ im Gebüsch zwei rote Lichter. Oder waren es Augen? Dann war es wieder dunkel, aber das __________ wurde lauter und ein __________ wie von Tierhufen kam dazu. Alle __________ den Atem ______, als __________ an mehreren Stellen giftgrüne und __________ Gesichter aufleuchteten. Einige Kinder __________ jetzt, aber der mutige Tim rief auf einmal: „…“

**Nomen:**
die Dunkelheit
die Fledermaus
des Käuzchens
das Rascheln
der Schauer
der Schreck
das Trappeln
die Wurzeln
der Zweifel

**Verben:**
erhob
glühten
hallte
hielten … an
kreischten
raschelte
zuckte zusammen

**Adjektive:**
dichtes
finstere
flackernden
glutrote
unheimlich

**Sonstige Wörter:**
auf einmal
plötzlich

**7** **a.** Schreibe die Geschichte in dein Heft. Du kannst die Geschichte dabei verändern, damit sie noch gruseliger wird.
**b.** Wie endet die Geschichte? Ergänze ein Ende.

## Z Weiterführendes:

## Ein Gruselerlebnis als Brief schreiben

**Nina will ihrer Freundin Fatima von dem Gruselerlebnis in einem Brief erzählen.**

[3] Gestern sind wir nach dem Abendbrot mit Taschenlampen zu einer Nachtwanderung aufgebrochen. Ich bin natürlich zusammen mit Barbara und Sina gelaufen. Im Wald war es richtig dunkel. Ohne Taschenlampe hätten wir den Weg nicht gesehen. Es schien auch kein Mond. Wir stellten uns vor, wie es wäre, wenn wir den Sänger von LondonParis in dem Wald treffen würden. Sina meinte, sie würde ihn sofort küssen und wir sollten ihn dabei festhalten [ ]. Barbara und ich haben uns krankgelacht. [ ] Das war so lustig. Aber dann blieben vor uns alle stehen und irgendwer kreischte laut. Und dann machte jemand „Psst!" und alle waren still. Es war richtig unheimlich, weil alle so leise waren. Sina wollte das ausnutzen und Petra erschrecken, die vor uns stand, als plötzlich dumpfe Schläge dicht bei uns im Wald zu hören waren. Ein lautes Fauchen und Stöhnen sorgte endgültig dafür, dass bei uns keiner mehr einen Pieps sagte. Und dann vernahmen wir ein Geräusch wie von brechenden Knochen, gefolgt von einem gierigen Schlürfen. [ ] Von uns bewegte sich längst keiner mehr und alle klammerten sich aneinander und hielten den Atem an, um nicht zu schreien. [ ] Dann begann es überall um uns herum im Laub zu rascheln und irgendetwas kam näher. Da rief unser Lehrer laut: „Es reicht!", und wir hörten von allen Seiten das Lachen von denen aus der 5 b. Mit denen spreche ich kein Wort mehr [ ].

1 Das kannst Du mir glauben.

2 Du weißt ja, wie sie ist.

3 Ich muss Dir etwas total Gruseliges erzählen.

4 Schade, dass Du nicht dabei warst.

5 Stell Dir das mal vor.

6 Du glaubst gar nicht, was für eine Angst wir hatten.

**Nina hat beim Erzählen ihre Adressatin Fatima ganz vergessen.**

**1** An welchen Stellen im Brief könnte Nina Fatima direkt ansprechen? Trage die Nummern der Sprechblasen an den passenden Stellen ein.

**2** Am Schluss könnte Nina auch noch nach Fatimas Erlebnissen fragen. Schreibe zwei, drei passende Schlusssätze in dein Heft.

Starthilfe

Hast Du in dieser Zeit auch etwas Besonderes erlebt? ...

Was hast du ...?
Erzähl mir von ...
Wie geht es ...?

**3** Welche Elemente fehlen dem Text noch, damit er ein Brief wird? Kontrolliere Ninas Brief mithilfe des Merkwissens vom Rand.

Ninas Brief fehlen ______________________________.

**4** Schreibe den vollständigen Brief sauber auf Briefpapier. Setze dabei die Sätze aus den Sprechblasen ein. Denke an Anrede, Datum, Gruß und Unterschrift.

**Elemente des Briefs**
Datum (und Ort)
Anrede
Brieftext
Gruß
Unterschrift

➤ Einen Brief schreiben, siehe: Wissenswertes auf einen Blick, Umschlag vorn

# Das kann ich! – Ein Gruselerlebnis erzählen

Punkte

**1** Zu welchen Handlungsbausteinen passen die folgenden Sätze?
Schreibe die richtigen Handlungsbausteine auf die Linien.

/5 Punkte

| Hindernis | Reaktion | Ende | Wunsch | Hauptperson und Situation |
|---|---|---|---|---|

| | |
|---|---|
| ______ | In Panik rannten die drei um ihr Leben zu den Löchern ihrer Höhle. |
| ______ | Sie freuten sich auf ihre dunkle, sichere Höhle. |
| ______ | In dem Moment, als der Raubvogel zustoßen wollte, huschte das letzte der drei Mäuschen in sein Loch. |
| ______ | Die Eltern der drei Mäusekinder waren eines Tages nicht von der Futtersuche in die Höhle am Feldrand zurückgekehrt und so mussten sie sich nun selbst versorgen. Gerade eben in der Morgendämmerung kamen die drei Kleinen vom Feld. |
| ______ | Da spürten sie einen dunklen Schatten am Himmel, der sich mit einem unheimlichen Rauschen näherte und immer größer wurde. |

**Anna hat öfter gruselige Albträume. Manchmal fehlen ihr morgens die passenden Worte, um den Traum richtig zu erzählen.**

**2** Ergänze die fehlenden Worte in Annas Text.
Setze die Wörter vom Rand an den passenden Stellen ein.

/15 Punkte

Im ______ Nebel musste Anna jetzt allein zurück in das ______ Schloss, um Ricardo aus ______ ______ der Monster zu befreien. Das ______ Krächzen einer Krähe ______ neben ihr und sie ______ ______. Ein kalter ______ lief ihr über den ______, als sie die ______ Tür öffnete. Drinnen entdeckte sie Fußabdrücke im ______, die zur Treppe führten. Auf ______ schlich sie den ______ nach die Treppe hinauf. ______ vernahm sie ein ______ Gelächter im oberen Stockwerk. Sie ______ angespannt …

- erscholl
- plötzlich
- unheimliche
- lauschte
- den Klauen
- dichten
- zuckte zusammen
- höhnisches
- Schauer
- knarrende
- Spuren
- heisere
- Zehenspitzen
- Staub
- Rücken

**3** Denke dir ein Ende aus. Schreibe mindestens fünf Sätze in dein Heft.
Verwende dabei mindestens fünf „gruselige" Adjektive oder Verben.

/10 Punkte

Gesamtpunktzahl: /30 Punkte

# Märchen lesen und erzählen

## Merkmale von Märchen erkennen

### Die Vogelprinzessin

**In alten Zeiten** lebte ein junger **Hirte. Er hatte ein so gutes Herz**, dass er keinem Menschen und keinem Tier etwas zu Leide tat. Eines Tages sah er einen Vogelschwarm, der über dem See kreiste und dann am Uferrand niederglitt. Der Hirte beobachtete die **Vögel**, und siehe, **aus den Federkleidern schlüpften lauter Mädchen**, eines schöner als das andere. Er schlich zum Ufer und packte das schönste Kleid. Die Mädchen erschraken, schlüpften in ihre Federn und flogen, bis auf eines, davon. „Ich bin die Tochter des Königsgeiers“, sagte sie. „Gib mir mein Kleid zurück, damit ich in den Vogelhimmel zurückkehren kann.“ Doch der Hirte hatte sich schon in das Mädchen verliebt und fragte es, ob es seine Frau werden wollte. Das Mädchen war einverstanden und so lebten sie lange glücklich und zufrieden. Eines Tages aber wollte die Vogelprinzessin gerne ihren Vater, den Vogelkönig, besuchen. Sie flogen zusammen hin, doch **der König war böse**, dass seine Tochter einen Menschen geheiratet hatte. Er wollte den Hirten töten und **stellte ihm drei schwierige Aufgaben**. Wenn er sie lösen würde, dürfte er seine Tochter behalten. Die Prinzessin war sehr traurig und dachte, sie würde nun ihren Mann verlieren. Der Hirte aber bewältigte alle drei Aufgaben und flog zusammen mit der Prinzessin zur Erde zurück. **Dort lebten sie ihr Leben lang glücklich miteinander.**

**1** **a.** Lies den Anfang des Märchens.
**b.** Notiere, was du über die Zeit und den Ort der Handlung erfährst.

die Zeit: ______________________________

der Ort: ______________________________

**Der Märchenanfang gibt oft den Ort und die Zeit an – aber meist sehr ungenau.**

**2** Wer ist die Hauptperson? Ergänze den Satz.

______________ ist ______________ in diesem Märchen.

**Im Märchen gibt es meist eine Hauptperson.**

**3** Welche besonderen Lebewesen gibt es in dem Märchen? Beschreibe diese Lebewesen mit deinen eigenen Worten.

______________________________

______________________________

______________________________

______________________________

**In Märchen gibt es oft besondere Lebewesen, Dinge und Kräfte, die es in Wirklichkeit nicht gibt, zum Beispiel Feen oder sprechende Tiere.**

**4** Welche Zahl kommt in diesem Märchen vor?
Welche Zahlen gibt es oft in Märchen? Schreibe die Zahlen auf.

hier: __________, andere Märchen: ______________________________

**Bestimmte Zahlen** spielen oft eine wichtige Rolle.

**5** Welche zwei Personen in diesem Märchen sind gegensätzlich?
Kreuze an.

- ☐ der Hirte und die Prinzessin
- ☐ die Prinzessin und der Vogelkönig
- ☐ der Vogelkönig und der Hirte

**In Märchen kommen oft Gegensätze vor, wie zum Beispiel gut und böse oder jung und alt.**

**6** Stelle dir die beiden gegensätzlichen Personen vor.
Beschreibe diese zwei Personen mit gegensätzlichen Adjektiven.
Verwende mindestens fünf Adjektivpaare.
Du kannst die Adjektive vom Rand verwenden.

| Person 1 | Person 2 |
| --- | --- |
| der/die ____________ | der/die ____________ |
| ist ____________ | ist ____________ |
| ____________ | ____________ |
| ____________ | ____________ |
| ____________ | ____________ |
| ____________ | ____________ |

jung – alt
wütend – friedlich
groß – klein
zahm – wild
laut – leise
hungrig – satt
hell – dunkel
hässlich – schön
arm – reich
schlau – dumm
kalt – warm
feige – mutig
böse – gut

**7** Der Hirte muss drei schwierige Aufgaben lösen.
Diese Aufgaben beschreibt der Text leider nicht.
Denke dir drei Aufgaben aus und schreibe sie in dein Heft.

Starthilfe
> Bei der ersten Aufgabe muss der Hirte ...

**In Märchen müssen die Hauptpersonen oft Hindernisse überwinden, Aufgaben lösen oder sie bekommen Wünsche erfüllt.**

**8** Beschreibe, wie der Hirte die Aufgaben löst.
Hat er dabei Hilfe von besonderen Lebewesen, Dingen oder Kräften?
Schreibe in dein Heft.

Starthilfe
> Zuerst weiß der Hirte nicht, wie er die erste Aufgabe lösen soll. Aber dann kommt ein ...

**9** Schreibe einen Schlusssatz für dein Märchen auf die Linien.

______________________________________________

______________________________________________.

**Märchen enden meistens glücklich.**

Z **Weiterführendes:**

# Ein Märchen weiterschreiben

______________________________

Vor langer, langer Zeit lebte in einer alten zerfallenen Hütte ein armes Paar mit einem kleinen Kinde. Tagein, tagaus mussten sie sehen, woher sie etwas zu essen bekamen. Sie beklagten sich aber nie. Als der Mann eines Tages den Acker umgrub, entdeckte er ein kleines silbernes Kästchen in der Erde. Der arme Mann öffnete das Kästchen und fand darin ...

**1** Lies den Märchenanfang.

**2** Beschreibe, was der arme Mann in dem Kästchen fand. Verwende Wörter, die zu einem Märchen passen.

______________________________

______________________________

**Bearbeite die folgenden Aufgaben in deinem Heft**

**3** Was geschah mit dem Mann und dem Kästchen? Die Wörter am Rand helfen dir.

Starthilfe

Der Mann wunderte sich sehr. So etwas hatte er noch nie gesehen. Da ...

sprach eine Stimme ...,
dein Kind, drei Wünsche,
wenn du mich brauchst,
alle ... dieser Welt, verschwand,
fragte sich, in welches Schlüsselloch

**4** Beschreibe eine Aufgabe, die der Mann bewältigen muss.

Starthilfe

Bis zum Abend sollte der Mann ...

bis zum Morgen
bis zum Abend
du darfst/musst (nicht)
an sieben Tagen nacheinander

**5** Beschreibe eine märchenhafte Belohnung für das Lösen der Aufgabe.

Starthilfe

Als er endlich wieder nach Hause kam, staunte er, was er erblickte. ...

jeden Tag
eine magische Schüssel
ein großes ...

**6** Wie soll das Märchen enden? Schreibe einen Schlusssatz auf.

**7** Schreibe das ganze Märchen noch einmal auf.
**Tipp:** Gestalte die Initialen* und ergänze ein eigenes Bild.

* Initialen: verzierte Anfangsbuchstaben von Texten.

**8** Welche Überschrift vom Rand passt zu dem Text? Schreibe sie auf die Linie über dem Märchenanfang.

Das magische Kästchen
Die Kröte und das Kind
Die drei Ringe

# Das kann ich! – Märchen lesen und erzählen

Punkte

**1** Vervollständige die folgenden Merkmale von Märchen.
Einmal musst du auch Beispiele dazuschreiben.

a) Der **Märchenanfang** gibt oft ____________ und ____________ an. /2 Punkte

b) In Märchen gibt es meist eine ____________ . /1 Punkt

c) In Märchen gibt es oft **besondere** ____________ , ________ und ________ , /3 Punkte

die es in Wirklichkeit nicht gibt, zum Beispiel ____________ , /1 Punkt

____________ und ____________ .

d) **Bestimmte** ____________ spielen oft eine wichtige Rolle, zum Beispiel die 3. /1 Punkt

e) In Märchen kommen oft ____________ vor, zum Beispiel gut und böse. /1 Punkt

f) Im Märchen muss die Hauptperson oft ____________ überwinden, /3 Punkte

____________ lösen oder sie bekommt ____________ erfüllt.

g) Märchen ____________ meistens **glücklich**. /1 Punkt

## Das Wasser des Lebens

Es war einmal ein König, der war krank, und niemand glaubte, dass er mit dem Leben davonkäme. Er war schon oft im Stadt-Krankenhaus gewesen. Er hatte aber drei Söhne, die waren darüber betrübt, gingen hinunter in den Schlossgarten und weinten. Sie trösteten sich gegenseitig mit Schokolade. Da begegnete ihnen ein alter Mann, der fragte sie nach ihrem Kummer. Er kaute Kaugummi. Sie sagten ihm, ihr Vater wäre so krank, dass er wohl sterben würde, denn es wolle ihm nichts helfen. Da sprach der Alte: „Ich weiß noch ein Mittel, das ist das Wasser des Lebens; wenn er davon trinkt, so wird er wieder gesund; es ist aber schwer zu finden." „Die ganzen Tabletten braucht er dann nicht mehr." Da sagte der älteste Sohn: „Ich will es schon finden." Schnell packte er einen Rucksack und setzte sich auf sein Motorrad. Als er eine Zeit lang geritten war, stand da ein Zwerg auf dem Wege und sprach: „..."

**2** In den Märchenanfang sind Sätze aus anderen Texten geraten.
Streiche alle Sätze durch, die nicht zu dem Märchen gehören. /5 Punkte

**3** **a.** Schreibe nur die Märchensätze in dein Heft. /2 Punkte
**b.** Schreibe das Märchen in deinem Heft zu Ende.
Beachte dabei die Merkmale von Märchen. /10 Punkte

Gesamtpunktzahl: /30 Punkte

# Eine Nacherzählung schreiben

## Angsthase Paul Maar

➤ Nacherzählen, siehe: Wissenswertes auf einen Blick, Umschlag vorn

1 Es ist Sonntagmorgen vorm Frühstück. Hannes, Anne und die Nachbarskinder Ulli und Ulla sind aus Langeweile auf die Baustelle nebenan geschlichen und gucken sich die Baugrube an.

2 „ Zwei Meter fünfzig“, schätzt Ulli. „Da kann man ja runterspringen.“
„Runterspringen?“, ruft Anne entsetzt und schaut Ulli an, um zu sehen, ob er vielleicht nur Spaß gemacht hat.
„Warum denn nicht?“, sagt Ulli großspurig*. „Jetzt pass mal auf!“
Er hält sich an ein paar dicken Grasbüscheln fest, die am Rand der Baugrube wachsen, und rutscht vorsichtig an der Grubenwand hinunter, bis er mit ausgestreckten Armen an den Grasbüscheln hängt. Nun sind seine Füße gar nicht mehr weit vom Boden entfernt. Ulli lässt los und springt.
„Ganz einfach! War ganz leicht, das könnt ihr auch. Los, kommt herunter!“ Ulla macht es genau wie ihr Bruder. Dann ist Hannes an der Reihe. Als die beiden da unten immer wieder rufen: „Los, spring doch! Trau dich doch!“, da springt auch er.

* angeberisch

3 Nun ist Anne ganz allein oben. Die drei in der Grube rufen: „Anne, jetzt bist du dran! Los, spring!“ Aber Anne traut sich nicht.
„Nein, ich mag nicht“, sagt sie.
„Du hast ja nur Angst!“, schreien die drei in der Grube: „Angsthase, Angsthase! Du hast ja Angst!“
„Ja“, sagt Anne, und weil die drei in der Grube immer lauter singen: „Angsthase, Angsthase, Angsthase!“, geht sie schließlich weg.

4 Die drei wollen ihren Spottvers hinter Anne hersingen. Deshalb versuchen sie, schnell aus der Grube zu klettern, um hinter ihr herzurennen. Aber es geht nicht. Die Grube hat nur vier steile, glatte Wände. Sie versuchen, an den glatten Wänden hochzuklettern, aber sie rutschen immer wieder ab.
Nun werden die drei da unten ziemlich kleinlaut.
„Wenn nur Anne nicht weggegangen wäre“, meint Hannes. „Sie könnte unseren Papa holen. Der würde uns raushelfen.“
„Wir müssen rufen. Vielleicht hört uns jemand“, sagt Ulli.
Zu dritt rufen sie: „Hallo, hallo!“ Es klingt recht kläglich.
Dann lauschen sie, aber niemand antwortet.

5 Da taucht plötzlich Anne oben am Rand der Grube auf.
„Anne, du musst Papa Bescheid sagen. Er soll uns hier herausholen“, sagt Hannes aufgeregt. „Wir schaffen das nicht allein!“
Jetzt kriegt Anne einen Lachanfall.
„Ihr kommt nicht mehr raus? So was Komisches!“, ruft sie.
„Sie kommen nicht mehr raus, sie kommen nicht mehr raus!“
„Los, geh und hol Papa“, bittet Hannes. „Sei doch jetzt nicht bockig!“
„Nein, ich hol ihn nicht“, sagt Anne. „Ich weiß etwas viel Besseres. Bei den Brettern hab ich nämlich eine Leiter liegen sehen!“

Anne schleift die Leiter zur Grube und lässt sie hinunter. Die drei da unten rücken die Leiter zurecht und steigen einer nach dem anderen heraus. Hannes legt seiner Schwester den Arm um die Schultern. „Anne, du bist ganz, ganz große Klasse!“, sagt er dabei. Und Ulli und Ulla nicken anerkennend.

**Sieben Tipps für eine gute Nacherzählung:**

**1** Lies die Erzählung „Angsthase“ genau.

**Tipp 1:**
**Lies die Geschichte genau.**

**2** Beantworte die folgenden Fragen in Stichworten.

**a.** Wer sind die handelnden Personen?

*Hannes, Anne,* ______________________

**b.** Wann und wo spielt die Geschichte?

______________________

**c.** Was passiert in der Geschichte?

______________________

______________________

______________________

______________________

holt keine Hilfe,
geht weg,
kommen nicht heraus,
kommt wieder,
springen in Baugrube,
Anne holt eine Leiter,
schreien „Angsthase“

**3** Markiere wichtige Angaben im zweiten Abschnitt.
Notiere Stichworte.

*„Zwei Meter fünfzig“, schätzt Ulli, runterspringen,* ______________________

______________________

______________________

______________________

______________________

______________________

**Tipp 2:**
**Notiere dir Stichworte zu jedem Abschnitt.**

~~er schätzt ...,~~
will angeben,
Anne denkt, dass ...,
macht es wirklich,
lässt sich vorsichtig runter,
fordert auf, ...,
springen auch

**4** Die folgenden Stichworte zum dritten Abschnitt sind nicht alle richtig.
Streiche erfundene Angaben durch. Sechs Angaben bleiben übrig.

Anne allein oben, sie soll den Vater holen, Anne soll springen,
Anne traut sich nicht, die anderen schreien: „Angsthase“,
die drei in der Grube haben Angst, Anne singt: „Angsthase“,
die anderen singen lauter, schließlich geht Anne weg

**Tipp 3:**
**Erfinde nichts dazu.**

**5** Die Stichworte zum vierten Abschnitt sind durcheinandergeraten.
Nummeriere sie in der richtigen Reihenfolge.

☐ – niemand antwortet
☐ – hinter Anne herwollen
☐ – von glatten Wänden abrutschen
☐ – um Hilfe rufen

**Tipp 4:**
**Halte die Reihenfolge der Geschichte ein.**

**6** Ergänze die folgenden Stichworte zum fünften Abschnitt.

- Anne erscheint am Grubenrand und ______________________
- hat eine bessere Idee, sie ______________________
- steigen nacheinander heraus, ______________________

**Tipp 5:**
**Denke an alle wichtigen Angaben.**

**Damit die Nacherzählung lebendig und spannend wird, kannst du wörtliche Rede aus der Geschichte übernehmen.**

**Tipp 6:**
**Verwende wörtliche Rede aus der ursprünglichen Geschichte.**

**7** Ergänze in der folgenden Nacherzählung zum dritten Abschnitt wörtliche Rede aus der Geschichte. Schreibe in dein Heft. Denke an die Satzzeichen für die wörtliche Rede.

Nun ist Anne ganz allein oben. Die drei in der Grube rufen ___. Anne traut sich nicht und sagt ___. Da schreien die drei in der Grube ___. Weil sie immer lauter singen ___ geht Anne schließlich weg.

> **Starthilfe**
> Nun ist Anne ganz allein oben. Die drei in der Grube rufen: „Anne, jetzt bist du …“

**Nacherzählung zu der Geschichte „Angsthase“ von Paul Maar**

An einem ___ langweilen sich ___, ___ und die Nachbarskinder ___. Sie schleichen auf ___ und schauen sich ___ an.

☐ →
Ulli will angeben. Er meint, dass man ___ kann. Er schätzt, dass die Grube ___ tief ist. Anne denkt, dass Ulli nur ___ macht. Aber Ulli macht es wirklich. Er hält sich an ___ fest und ___ sich vorsichtig runter, bis es nicht mehr weit bis ___ ist. Dann ___ er. Er findet, dass es ___ war, und fordert die anderen auf, auch herunterzukommen. Ulla und ___ springen dann auch.

☐ →
Die drei wollen hinter Anne her, aber sie kommen nicht mehr aus ___ heraus. Sie rutschen an den ___ ab. Jetzt werden die drei ziemlich ___ und rufen um Hilfe. Aber ___.

☐ →
Plötzlich taucht Anne ___ auf. Sie soll Papa holen. Anne bekommt einen ___, weil sie es ___ findet, dass die drei nicht mehr ___. Sie holt Papa aber nicht, denn sie hat eine ___ Idee. Auf der Baustelle hat sie ___ liegen sehen. Die bringt sie zur Grube und ___. Die anderen steigen ___ heraus und sind sehr froh. ___ lobt seine Schwester und ___ nicken anerkennend.

**8** An welche Stelle gehört der Abschnitt unter Aufgabe 7? Kreuze an.

**9** **a.** Schreibe die ganze Nacherzählung in dein Heft.
- Ergänze dabei in den Lücken Angaben aus der Geschichte.
  **Tipp:** Deine Stichworte zu den Aufgaben 2 bis 6 helfen dir.
- Verwende immer die Zeitform der ursprünglichen Geschichte.
  **Tipp:** Der Text ist in der Gegenwart (Präsens) geschrieben.
- Denke an die Überschrift und den Namen des Autors.

**b.** Kontrolliere deine Nacherzählung mit Hilfe der Tipps 1 bis 7.

**Tipp 7:**
**Verwende die Zeitform der ursprünglichen Geschichte.**

> **Starthilfe**
> **Nacherzählung zu der Geschichte „Angsthase“ von Paul Maar**
> An einem Sonntagmorgen langweilen sich Hannes, Anne und …

# Das kann ich! – Eine Nacherzählung schreiben

Punkte

Der Anfang von Kevins Nacherzählung muss überarbeitet werden.

**Nacherzählung der Geschichte „Angsthase"**

Anne, Hannes und Ulli ist langweilig. Sie entdecken eine zwei Meter fünfzig tiefe Grube. Da wird eine Tiefgarage gebaut. Ulli hat eine Idee. Er hält sich an ein paar dicken Grasbüscheln fest, die am Rand der Baugrube wachsen, und rutscht vorsichtig an der Grubenwand hinunter, bis er mit ausgestreckten Armen an den Grasbüscheln hängt. Nun sind seine Füße gar nicht mehr weit vom Boden entfernt. Ulli lässt los und springt. Er schafft es. „Los, rutscht herunter!", fordert Ulli. Anne springt nicht. „Nein, ich kann nicht", sagt sie. Die anderen springen hinterher. Hannes und Ulli riefen aus der Grube: „Anne, jetzt bist du dran. Los, spring!" Die anderen schrien ihr hinterher: „Angsthase, Angsthase, Angsthase! Du hast ja Angst!" Traurig geht sie weg. ...

**1** Welche Angabe fehlt in der Überschrift?
Schreibe die fehlende Angabe auf die Linie. ____________ /1 Punkt

**2** Welche wichtigen Angaben zu Personen, Zeit und Ort fehlen in den ersten zwei Sätzen der Nacherzählung? /3 Punkte

Personen: ____________ Zeit: ____________

Ort: ____________

**3** Welche Angabe der Nacherzählung steht gar nicht im Text?
Streiche einen Satz. /1 Punkt

**4** An einer Stelle hat Kevin drei Sätze hintereinander genau abgeschrieben.
**a.** Markiere diese drei Sätze in der Nacherzählung. /3 Punkte
**b.** Wie sollte Kevin diese Stelle verbessern? Kreuze an. /1 Punkt
☐ Weglassen, weil sie unwichtig ist. ☐ Die Sätze etwas kürzen.
☐ Erst Stichworte finden und dann eigene Sätze bilden.
**c.** Schreibe die Stelle in eigenen Worten in dein Heft. /5 Punkte

**5** An welcher Stelle hat Kevin die Reihenfolge nicht eingehalten? /3 Punkte
**a.** Kreise die Stelle ein.
**b.** Wohin gehört diese Stelle? Zeichne einen Pfeil an den Rand.

**6** Wo hat Kevin wörtliche Rede aus der Geschichte verändert?
**a.** Kreuze jede fehlerhafte wörtliche Rede am Rand des Textes an.
**b.** Schreibe die vier Stellen mit wörtlicher Rede richtig in dein Heft. /8 Punkte

**7** Am Schluss sind Kevin zwei Verben in eine andere Zeitform geraten. Streiche diese beiden Verben im Text durch und schreibe sie richtig auf. /4 Punkte

____________ ____________

Gesamtpunktzahl: /29 Punkte

# Rechtschreibhilfen

Entwickle dein Rechtschreibgespür!
Lass Rechtschreibzweifel zu!

Rechtschreibhilfen helfen dir, richtige Entscheidungen zu treffen. Die drei wichtigsten Rechtschreibhilfen sind das **Gliedern**, das **Verlängern** und das **Ableiten**.

## Das Gliedern

Beim **Gliedern** zerlegst du mehrsilbige Wörter in Sprechsilben.
Beispiel: Regenwolke

**1** **a.** Sprich die Wörter vom Rand langsam und deutlich – Silbe für Silbe.
**b.** Zerlege jedes Wort in Silben. Schreibe es auf die Linien.
**c.** Gliedere die Wörter vom Rand genauso.

Fußballplatz
Tafelkreide
zurücklaufen
Sonnenbrand
Gewitterregen
wiederholen

Fuß | ball | platz ______________

______________ ______________

______________ ______________

**Eine nasse Fahrradfahrt**

Der Unterricht war zu Ende. Sandra und Lisa rannten zu ihren Fahrrädern. Dicke Regentropfen fielen vom Himmel. Die Mädchen flüchteten in ein Wartehäuschen. Als der Regen aufhörte, fuhren sie weiter. „Hoffentlich bekomme ich keine Erkältung“, bemerkte Sandra.

**2** **a.** Lies den Text.
**b.** Sprich die hervorgehobenen Wörter langsam und deutlich – Silbe für Silbe.
**c.** Zerlege diese Wörter in Sprechsilben und schreibe sie auf die Linien.

Fahr | rad | fahrt ______________

______________ ______________

______________ ______________

______________ ______________

**3** **a.** Schreibe den Text in dein Heft.
**b.** Markiere in deinem Heft die gegliederten Wörter aus Aufgabe 2.

# Das Verlängern

> **d** oder **t**, **g** oder **k** am Ende eines Wortes?
> Das **Verlängern** bringt die Entscheidung.
> der Abend – die langen Aben**d**e — das Getränk – die kalten Geträn**k**e
> ↓ **d/t?** ↓ **d!** ↓ **g/k?** ↓ **k!**

**4** **a.** **d** oder **t**? Verlängere die folgenden Wörter.
**b.** Markiere **d** mit Blau und **t** mit Rot.

| | |
|---|---|
| das Bro_t_ (d/t) | die frischen _Brote_ |
| bekann__ (d/t) | die ____________ Person |
| wil__ (d/t) | die ____________ Tiere |
| der Mona__ (d/t) | in drei ____________ |
| das Fahrra__ (d/t) | zwei ____________ |
| die Gestal__ (d/t) | die dunklen ____________ |
| run__ (d/t) | eine ____________ Sache |
| das Zel__ (d/t) | mehrere ____________ |
| das Pfun__ (d/t) | zu viele ____________ |
| har__ (d/t) | eine ____________ Nuss |

**5** **a.** **g** oder **k**? Verlängere die Wörter.
**b.** Markiere das **g** mit Blau und das **k** mit Rot.

| | |
|---|---|
| der Zu_g_ (g/k) | die _Züge_ |
| kran__ (g/k) | die ____________ Kinder |
| der Schran__ (g/k) | viele ____________ |
| star__ (g/k) | die ____________ Mauern |
| der Kru__ (g/k) | zwei ____________ |
| der Ta__ (g/k) | in vierzehn ____________ |

**6** Schreibe die folgenden Sätze ab und entscheide die Schreibung.

Im Auslan__ (d/t) fühle ich mich gar nicht fremd.

Ich wünsche dir viel Erfol__ (g/k) beim Fahren mit dem Rennra__ (d/t).

Herzlichen Dan__ (g/k) für deinen guten Ra__ (d/t).

# Das Ableiten

> **ä** und **e** klingen in vielen Wörtern ähnlich.
> Leite ab: Finde ein verwandtes Wort mit **a**.
> **die Wärme** kommt von **warm** – also **ä**
> ↓ ↓
> **?** **a!** ⟵ **ä**

**7** **a.** Schreibe in die Lücken jeweils ein verwandtes Wort mit **a**.
**b.** Schreibe das Wort mit **ä** noch einmal auf die Linie ganz rechts.

**die Nähe** kommt von nah, also ä: ____________
**wählen** kommt von **die** ____________, also ___: ____________
**du wächst** kommt von ____________, also ___: ____________
**täglich** kommt von **der** ____________, also ___: ____________
**das Päckchen** kommt von ____________, also ___: ____________
**du fährst** kommt von ____________, also ___: ____________
**du fällst** kommt von ____________, also ___: ____________
**ängstlich** kommt von **die** ____________, also ___: ____________
**du hältst** kommt von ____________, also ___: ____________
**du trägst** kommt von ____________, also ___: ____________
**du lässt** kommt von ____________, also ___: ____________

**8** **a.** Schreibe die Sätze in dein Heft.
**b.** Schreibe auf die Linie ein verwandtes Wort mit **a**.

Tiere soll man nicht **quälen**. die Qual

Das Rauchen ist **schädlich**. ____________

Weihnachten findet leider nur einmal **jährlich** statt. ____________

Der Herbst beginnt – die **Blätter** fallen. ____________

**9** Im Singular **a** – im Plural **ä**.
Ergänze den Singular.

**die Späße** – der ____________
**die Bänke** – die ____________
**die Kräfte** – die ____________
**die Gärten** – der ____________
**die Kämme** – der ____________
**die Fahrräder** – das ____________
**die Ärzte** – der ____________
**die Bäche** – der ____________

# Das kann ich! – Gliedern, verlängern, ableiten

Punkte

**1** Ergänze den folgenden Merksatz. ___ /1 Punkt

> Beim Gliedern zerlegst du mehrsilbige Wörter in ______________________.

**2** Schreibe die Wörter in gegliederter Form. ___ /3 Punkte

Unterricht ______________________

Mittagspause ______________________

vorbeilaufen ______________________

**3** Ergänze den folgenden Merksatz. ___ /1 Punkt

> **d** oder **t**, **g** oder **k** am Ende eines Wortes?
>
> Das ______________________ bringt die Entscheidung.

**4** Verlängere die Wörter und entscheide über die Schreibung. ___ /4 Punkte

der Aben__ (d/t) ______________________ der Erfol__ (g/k) ______________________

hunder__ (d/t) ______________________ kran__ (g/k) ______________________

**5** Ergänze den folgenden Merksatz. ___ /1 Punkt

> **ä** und **e** klingen in vielen Wörtern ähnlich. Du kannst Wörter mit **ä** von verwandten Wörtern mit **a** ______________________.

**6** Leite ab. ___ /3 Punkte

ängstlich kommt von die ______________________

du hältst kommt von ______________________

du wächst kommt von ______________________

**7** Entscheide über die Schreibung. ___ /4 Punkte

sch[redacted]dlich (ä/e) ______________________ die Fahrr[redacted]der (ä/e) ______________________

qu[redacted]len (ä/e) ______________________ du l[redacted]sst (ä/e) ______________________

**8** Die Sätze enthalten vier Fehlerwörter. ___ /4 Punkte

- Gliedere, verlängere, leite ab!
- Streiche die Fehlerwörter durch.
- Schreibe die Wörter richtig neben die Sätze.

Achtung: Fehler!

Stellt die Fahrräder in die Nehe des Eingangs. ______________________
Der Unterricht war zu Ende. ______________________
Ich wünsche dir viel Erfolk und alles Gute. ______________________
Tiere soll man nicht quelen. ______________________
Zirka hunderd Besucher kamen zu dem Fest. ______________________

Gesamtpunktzahl: ___ /21 Punkte

# Wörter bilden und schreiben

Mit den Vorsilben **ver-** und **ent-** werden viele neue Verben gebildet.
ver- + kaufen = verkaufen  ent- + nehmen = entnehmen

**1** Bilde neue Verben mit den Vorsilben **ver-** und **ent-**.

ver- + binden = verbinden
ver- + kleiden = ______
ver- + bringen = ______
ver- + stehen = ______

ver- + hören = ______
ver- + reisen = ______
ver- + sprechen = ______
ver- + laufen = ______

ent- + wickeln = entwickeln
ent- + scheiden = ______
ent- + kommen = ______
ent- + nehmen = ______

ent- + spannen = ______
ent- + decken = ______
ent- + schließen = ______
ent- + falten = ______

**2** Auch mit den folgenden Vorsilben können neue Verben gebildet werden. Bilde neue Verben mit **fahren**.

~~los-~~ ab- aus- weg- ver- an- durch- vor- mit- be- + fahren

losfahren
______

Beim Zusammensetzen von Nomen musst du manchmal ein **s** oder **n** einfügen.
das Essen + **s** + **die** Zeit = **die** Essen**s**zeit
die Klasse + **n** + **das** Buch = **das** Klasse**n**buch
Der Artikel des neuen Nomens richtet sich nach dem Grundwort.

**3** Bilde neue zusammengesetzte Nomen.
Füge dabei ein **s** oder ein **n** ein.

| | | | | |
|---|---|---|---|---|
| die Geburt | + | der Tag | = | ______ |
| die Entdeckung | | die Reise | | ______ |
| der Frühling | | der Anfang | | ______ |
| die Blume | | der Topf | | ______ |
| die Wiese | | die Blume | | ______ |

**4** Schreibe passende zusammengesetzte Verben und Nomen aus den Aufgaben 1 bis 3 in die Lücken.

Mein elfter ______________________ fiel auf einen Sonntag. Zu meiner Überraschung sagten meine Eltern: „Wir wollen mit dir morgen ______________________. Das ist unser Geschenk für dich. Es soll eine spannende ______________________ werden. Wir werden um neun Uhr früh ______________________. Wir ______________________ dir, dass du vieles erleben wirst.“ Ich war überglücklich.

**5** Schreibe den Text in dein Heft und markiere die eingesetzten Wörter.

## Das kann ich! – Wörter bilden und schreiben

Punkte

**1** Ergänze den folgenden Merksatz. ___ /2 Punkte

Mit den Vorsilben ________ und ________ werden viele neue Verben gebildet.

**2** ___ /6 Punkte
a. Schreibe drei Verben mit der Vorsilbe **ver-** auf.
b. Schreibe drei Verben mit der Vorsilbe **ent-** auf.

Verben mit ver- ____________ ____________ ____________

Verben mit ent- ____________ ____________ ____________

**3** Bilde vier neue Verben mit **gehen**. ___ /4 Punkte

Vorsilbe + gehen ____________ ____________ ____________ ____________

**4** Ergänze den folgenden Merksatz. ___ /2 Punkte

Beim Zusammensetzen von Nomen muss manchmal ein ___ oder ___ eingefügt werden.

**5** Bilde zusammengesetzte Nomen. Füge dabei **s** und **n** ein. ___ /4 Punkte

das Vertrauen + der Beweis = ______________________

die Schönheit + die Königin = ______________________

die Klasse + die Kasse = ______________________

der Sonntag + das Essen = ______________________

Gesamtpunktzahl: ___ /18 Punkten

# Großschreibung

Aus Verben können Nomen werden. Der Artikel **das** macht's!
**schreiben → das Schreiben**

**1** Bilde Nomen.

| | | | |
|---|---|---|---|
| bringen → | das Bringen | erzählen → | |
| denken → | das | fahren → | |
| spielen → | | hören → | |
| lesen → | | lachen → | |

Achtung! Zwischen Artikel und Nomen steht manchmal ein Adjektiv. Das Adjektiv wird kleingeschrieben.
**das Hören → das gute Hören**

**2** Füge passende Adjektive vom Rand ein.
Achte auf die Schreibung.

das Fahren → das schnelle Fahren
das Parken → ______
das Sitzen → ______
das Schreien → ______
das Rauchen → ______

~~schnell~~
lang
laut
falsch
schädlich

Aus Verben können Nomen werden. Die Endung **-ung** macht's!
**send(en) → die Sendung, die Sendungen**

**3** Bilde Nomen im Singular und im Plural.

| | | |
|---|---|---|
| führen → | die Führung, | die Führungen |
| erzählen → | , | |
| zeichnen → | , | |
| wohnen → | , | |
| erklären → | , | |
| unterhalten → | , | |
| verbinden → | , | |

Aus Adjektiven können Nomen werden.
Die Wörter **etwas** und **nichts** machen's!
gut → etwas Gutes    gut → nichts Gutes

**4** Bilde Nomen.

falsch → etwas Falsches
interessant → etwas ______
neu → nichts ______
wichtig → nichts ______

**5** Schreibe die Sätze ab und entscheide die Schreibung.

Die Lehrerin sagte: „Ich muss euch etwas (w/W)ichtiges mitteilen."
Der Polizist erklärte: „Das (f/F)alsche (p/P)arken kostet 20 Euro."
Meine Mutter meinte: „Ich bin froh, dass nichts (s/S)chlimmes passiert ist."
Der Deutschlehrer lobte: „Deine (e/E)rzählungen gefallen mir sehr."

## Das kann ich! – Nominalisierte Verben und Adjektive

Punkte

**1** Ergänze die folgenden drei Merksätze zur Großschreibung. ___ /4 Punkte

| |
|---|
| Der Artikel ______ macht aus Verben Nomen. |
| Die Endung ______ macht aus Verben Nomen. |
| Die Wörter ______ und ______ machen aus Adjektiven Nomen. |

**2** Entscheide die Schreibung. ___ /8 Punkte
Schreibe die Wörter und Wortgruppen richtig daneben.

das (l/L)achen ______
die (w/W)ohnung ______
etwas (s/S)üßes ______
nichts (s/S)chlimmes ______
das (l/L)aute (s/S)chreien ______
das (s/S)chnelle (f/F)ahren ______

**3** Die Sätze enthalten vier Fehlerwörter. ___ /4 Punkte
- Streiche die Fehlerwörter durch.
- Schreibe die Wörter richtig auf die Linien am Rand.

Dafür habe ich keine erklärung.
Ich esse gerne etwas Süßes.
Das sprechen ist hier verboten.
Es ist nichts schlimmes passiert.
Das stille Sitzen fällt mir schwer.
Das laute schreien um Hilfe habe ich gehört.

Achtung: Fehler!

Gesamtpunktzahl: ___ /16 Punkte

# Wörter mit ie

Die meisten Wörter mit einem **lang gesprochenen i** werden im Deutschen mit **ie** geschrieben.

**1** **a.** Schreibe die Nomen im Singular und im Plural.
**b.** Markiere das **ie** mit Blau.

die Biene *die Biene, die Bienen*
die Schiene ______
der Brief ______
der Krieg ______
das Spiel ______
das Papier ______
der Dienstag ______
das Lied ______
die Fliege ______
der Riese ______
das Ziel ______
das Tier ______

**2** **a.** Schreibe die Verben jeweils zweimal.
**b.** Markiere das **ie** mit Blau.

biegen *biegen, biegen*
riechen ______
frieren ______
verlieren ______
gießen ______
bieten ______
kriechen ______
fließen ______
liegen ______
kriegen ______
piepen ______
schieben ______

**3** **a.** Schreibe passende Wörter aus den Aufgaben 1 und 2 in die Lücken.
Markiere in den eingesetzten Wörtern das **ie** mit Blau.
**b.** Schreibe die Sätze in dein Heft.
Markiere in den Sätzen jedes **ie** mit Blau.

Aufgeregt öffnete Steffi den *Brief* von ihrer Freundin. Sie las, dass Ilka wirklich am nächsten ______ kommen würde.

Im Zoo konnten wir seltene ______ beobachten. Um sie herum flogen viele ______ – die sind auch im Zoo nicht selten.

Viele große Städte ______ an Flüssen.
Alle Flüsse ______ irgendwann ins Meer.

Das ______ unserer Mannschaft für Sonntag ist klar:
Wir wollen das ______ auf keinen Fall ______!

**4** **a.** Schreibe in jede Lücke das **ie**.
**b.** Schreibe die Wörter, Wortgruppen und Sätze auf die Linien.
**c.** Markiere das **ie** mit Blau.

die W_ie_se _die Wiese_______________

die Zw____bel ____________________

der St____fel ____________________

h____r ____________________

w____der ____________________

n____mand ____________________

die hohe M____te ____________________

ein runder Sp____gel ____________________

S____ben Stunden dauerte der Spaz____rgang. ____________________

____________________

Auf der W____se leben v____le versch____dene T____re. ____________________

____________________

**5** **a.** Unterstreiche in dem Text alle Wörter mit **ie**.
**Tipp:** Du musst noch 17 Wörter unterstreichen.
**b.** Markiere jedes **ie** mit Blau.

**Auf einer Wiese im Sommer**

Nach dem **Spaziergang** liegen wir erschöpft auf einer Wiese. Es ist **ziemlich** warm. Bienen **fliegen** hier von einer Blume zur anderen. Kleine zierliche Tiere **kriechen** vorbei. Wir beobachten sie. Dann **schließen** wir unsere Augen und genießen zufrieden den **Frieden** auf dieser Wiese.

**6** Sortiere die blau hervorgehobenen Wörter nach dem Alphabet.

_fliegen,_ ____________________

____________________

**7** **a.** Schreibe den Text in dein Heft.
**b.** Markiere jedes **ie** mit Blau.

Starthilfe

**Ein Text zu Wörtern mit ie**
Auf einer Wiese im Sommer
Nach dem Spaziergang ...

### Auch diese Wörter werden mit **ie** geschrieben:

~~das Gebiet,~~ das Knie, verdienen, fliegen, der Abschied, das Fieber, der Sieg, die Liebe, diesmal, wiegen, schließen, siegen, schief, viel, nie, genießen, sieben (die Zahl 7)

**8** **a.** Ordne die Wörter mit **ie** in die folgende Tabelle ein.
Denke bei den Nomen an die Artikel.
**b.** Markiere das **ie** mit Blau.

| Nomen | Verben | sonstige Wörter |
|---|---|---|
| *das Gebiet* | | |
| | | |
| | | |
| | | |
| | | |
| | | |

**9** **a.** Schreibe in die Lücken passende Wörter aus der Tabelle.
**b.** Markiere in den eingesetzten Wörtern das **ie** mit Blau.

„Man kann nicht immer *siegen*“, stellte Kemal fest. „Zum ____________ hat es ____________ nicht gereicht, aber vielleicht beim Rückspiel.“

Beim ____________ von seinem Urlaubsfreund sagte Jan:
„Ich werde ____________ vergessen, wie viel Spaß wir zusammen hatten.“

Ich war leider krank und hatte hohes ____________.
Deshalb konnte ich das Wochenende überhaupt nicht ____________.

**10** **a.** Schreibe die Sätze aus Aufgabe 9 ab.
**b.** Markiere alle Wörter mit **ie**.

*„Man kann nicht immer siegen“, stellte Kemal fest.*

# Das kann ich! – Wörter mit ie

Punkte

**1** **a.** Schreibe den folgenden Merksatz zu Ende.
**b.** Schreibe sechs Beispielwörter dazu.

/7 Punkte

> Die meisten Wörter mit einem lang gesprochenen **i** werden
>
> im Deutschen ______________________________,
>
> zum Beispiel:
>
> ______________ ______________ ______________
>
> ______________ ______________ ______________.

**2** Schreibe passende Wörter mit **ie** in die Lücken.
**Tipp:** Du hast diese Wörter in diesem Kapitel bereits geschrieben.

/4 Punkte

Das Gegenteil von Frieden ist ______________.

Leider liege ich heute im Bett, denn ich habe hohes ______________.

Wir werden kämpfen, um das Spiel nicht zu ______________.

Zum Geburtstag schreibe ich dir einen ______________.

**3** **a.** Ordne die Wörter vom Rand in die folgende Tabelle ein.
Denke bei den Nomen an die Artikel.
**b.** Markiere das **ie** mit Blau.

/9 Punkte

| Nomen | Verben | sonstige Wörter |
|---|---|---|
| | | |
| | | |
| | | |

die Biene
liegen
der Riese
hier
bieten
die Schiene
niemand
riechen
wieder

**4** In diesem Aquarium schwimmt ein Fehlerwort.
Finde es heraus und streiche es durch.
Schreibe es richtig unter das Aquarium.

/2 Punkte

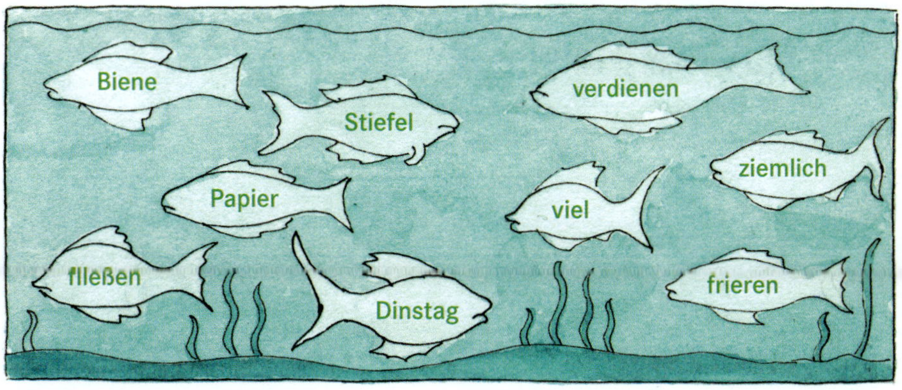


Achtung: Fehler!

So muss das Wort geschrieben werden: ______________________.

Gesamtpunktzahl: /22 Punkte

# Wörter mit Doppelkonsonanten

~~der Koffer~~ ~~stellen~~ die Mutter die Brille retten brennen schnappen
die Tablette die Treppe der Pfiff wetten schleppen die Pfanne
der Teppich hoffen die Nummer der Sonntag die Flamme spinnen
der Grill sollen schwimmen der Mittag fallen treffen das Fett
die Stimme trennen der Keller bitten bellen der Mann kommen
die Grippe der Himmel kippen die Wolle der Pfeffer das Rennen
betteln schaffen brummen

**1** Was haben alle Wörter in diesem Container gemeinsam?
Ergänze den folgenden Satz mit dem passenden Wort vom Rand.

dreifachen
doppelten

Alle Wörter haben einen ______________________ Konsonanten.

**2** Sortiere die Ladung aus dem Container in die folgenden Lastwagen.

**3** Lade die Wörter auf zwei Schiffe in deinem Heft um.
Zeichne ein Schiff für **Verben** und ein Schiff für **Nomen**.

Starthilfe

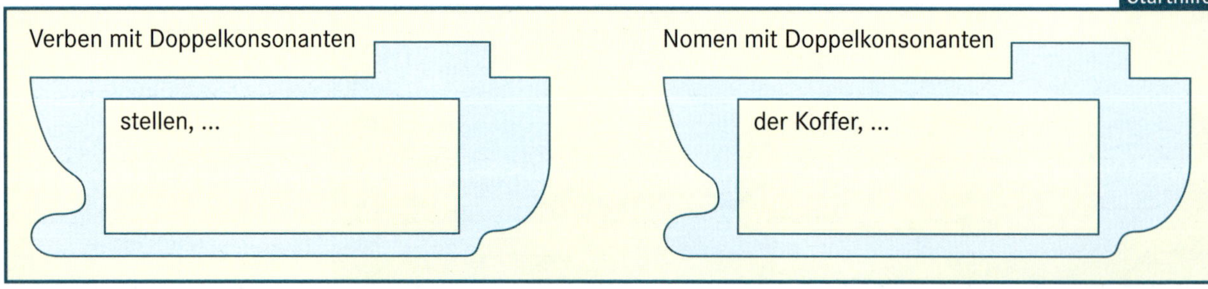

Vor dem Doppelkonsonanten steht immer ein **Vokal** (Selbstlaut):
**a e i o u**.
Dieser Vokal wird **kurz** gesprochen.

**4** a. Sprich die folgenden Wörter.
Achte auf den kurzen Vokal vor dem Doppelkonsonanten.
b. Markiere diese kurzen Vokale mit einem Punkt darüber.
c. Markiere die doppelten Konsonanten farbig.

**Stoff Mittel Zettel Sommer Zimmer Fell jammern Lappen Gruppe**

**Schiff Suppe Sonne Schatten Mann irren Butter kennen**

**5** Schreibe die Regel zu Ende.

Nach einem kurzen Vokal folgen oft zwei gleiche K________________.

**Steffi und Conny haben endlich Sommerferien**
Heute ___ die ___ferien. Steffi und Conny ___ ins Freibad und ___ zu ihren Rädern. Keine Wolke ist am ___ und die ___ scheint mit ___ Kraft. Zum Glück haben sie jeder eine ___ auf dem Kopf und eine ___ auf der Nase. Sie fahren ___, damit ihnen der Fahrtwind Kühlung ___. An der Eisdiele machen sie wie ___ einen ___. Sie ___ „___-___" und „___-___". Bei dem ___ brauchen sie beide ___ Portionen.

**6** a. Schreibe den Text auf die Linien unten ab.
Setze dabei passende Wörter aus der Randspalte in die Lücken.
b. Markiere die kurzen Vokale mit einem Punkt darüber.
c. Markiere die Doppelkonsonanten farbig.

Steffi und Conny haben endlich Sommerferien
Heute beginnen die Sommerferien. Steffi und Conny wollen

beginnen, Sommer
wollen, Kappe,
Stracciatella-Pfefferminz,
rennen, Himmel,
voller, Sonne,
Sonnenbrille, schnell,
verschafft, immer,
Zwischenstopp,
Vanille-Nuss, Wetter,
bestellen, doppelte

## Z Weiterführendes

Diese Wörter mit einem Doppelkonsonanten musst du dir merken, weil sie besonders häufig sind: **wenn**, **dann**, **wann**, **denn**.

**1** a. Setze **wann**, **denn**, **dann** und **wenn** in die Lücken ein.
b. Markiere die Doppelkonsonanten.

Wann wollen wir uns treffen?

Ich muss mich beeilen, ________ die anderen warten schon.

Ich muss noch meine Hausaufgaben machen, ________ spielen wir.

Ich habe immer Hunger, ________ ich vom Sport komme.

**2** Ordne die vier Wörter aus Aufgabe 1 nach dem Alphabet.

______________________________________________

Ein besonderer Plural!
Singular: die Verkäuferin – Plural: die Verkäuferinnen
ein n zwei n

**3** a. Schreibe zu den folgenden Nomen den Plural auf.
b. Markiere den Doppelkonsonanten **nn**.

| | | | |
|---|---|---|---|
| die Lehrerin | die Lehrerinnen | die Polizistin | ________ |
| die Freundin | ________ | die Ärztin | ________ |
| die Schülerin | ________ | die Arbeiterin | ________ |

Für diese Verben gilt:
Einmal Doppelkonsonant – immer Doppelkonsonant

| | | | | | | | |
|---|---|---|---|---|---|---|---|
| küssen | küsse | küsste | geküsst | hoffen | hoffe | hoffte | gehofft |
| müssen | muss | musste | gemusst | stellen | stelle | stellte | gestellt |
| rollen | rolle | rollte | gerollt | | | | |

**4** Übe diese Verben mit den folgenden Schritten:
- Lerne zuerst eine Verbreihe auswendig.
- Decke die Verbreihe dann zu.
- Schreibe die Verbreihe auswendig auf die Linien.
- Kontrolliere anschließend.

______________________________________________

______________________________________________

______________________________________________

______________________________________________

______________________________________________

# Das kann ich! – Wörter mit Doppelkonsonanten

Punkte

**1** Schreibe den folgenden Merksatz zu Ende. /2 Punkte

> Vor dem Doppelkonsonanten steht immer ein V ______
> (Selbstlaut): **a e i o u**.
> Der Vokal wird vor Doppelkonsonanten ______ gesprochen.

**2** In den folgenden Nomen und Verben fehlen die Doppelkonsonanten. Ordne die Wörter in die folgende Tabelle und ergänze dabei die richtigen Doppelkonsonanten. /12 Punkte

| | Nomen | Verben |
|---|---|---|
| tt | | |
| pp | | |
| mm | | |
| ll | | |
| ff | | |
| nn | | |

bre[redacted]en
die Mu[redacted]er
schle[redacted]en
der Ma[redacted]
bi[redacted]en
der Pfe[redacted]er
fa[redacted]en
die Nu[redacted]er
ho[redacted]en
der Te[redacted]ich
die Bri[redacted]e
ko[redacted]en

**3** Schreibe den Plural zu den folgenden Nomen auf. /4 Punkte

die Lehrerin ______ die Polizistin ______

die Freundin ______ die Ärztin ______

**4** Ergänze die fehlenden Verbformen in den folgenden Verbreihen. Achte auf die Doppelkonsonanten. /3 Punkte

küssen – ______ – küsste – geküsst

hoffen – hoffe – ______ – gehofft

rollen – rolle – ______ – gerollt

**5** In jedem Satz steckt ein Fehler. /5 Punkte
- Streiche die Fehlerwörter durch.
- Schreibe die Wörter richtig auf die Linien am Rand.

Achtung: Fehler!

Ich werde am nächsten Sontag zu dir kommen. ______
Meine Freundin nent mich Lolli. ______
Und wan soll ich die Arbeit abgeben? ______
Ich werde morgen zu dir komen und dir alles erzählen. ______
Die Verkäuferinen zeigten mir verschiedene Hosen und Jacken. ______

Gesamtpunktzahl: /26 Punkte

# Wörter mit ß und ss

Nur wenige Wörter werden im Deutschen immer mit **ß** geschrieben:
**die Straße - die Straßen** **heißen - er heißt** **groß - größer**
Der Vokal vor dem **ß** wird **lang** gesprochen.

~~die Straße,~~ **groß, der Strauß, weiß, fleißig, stoßen, der Fuß, die Soße, der Gruß, grüßen, süß, der Spaß, heißen**

**1** **a.** Ordne die Wörter vom Rand in die folgende Tabelle ein.
**b.** Sprich die Wörter langsam und deutlich.

| Nomen | Verben | Adjektive |
|---|---|---|
| *die Straße* ______ ______ | ______ | ______ |
| ______ ______ ______ | ______ | ______ |
| ______ ______ ______ | ______ | ______ |
| | | ______ |

**2** **a.** Schreibe die Pluralform zu den folgenden Nomen.
**b.** Markiere das **ß** mit Rot.

die Straße, *die Straßen* der Gruß, ______

der Fuß, ______ der Spaß, ______

~~die Stra[redacted]e,~~
die Spä[redacted]e
die Fü[redacted]e
die Grü[redacted]e

**3** Schreibe passende Wörter in die Lücken.

Jan ist ______ als Jens.

Fatima trägt ein ______ Kleid.

Birnen sind ______ als Äpfel.

Ich bin ein ______ Schüler.

**weißes, fleißiger, größer, süßer**

**4** **a.** Unterstreiche im folgenden Text alle Wörter mit **ß**.
**b.** Schreibe den Text in dein Heft. Markiere jedes **ß** mit Rot.

Hallo, Paul,

kommst Du mich bald besuchen? Ich wohne in der Schillerstraße.
Es ist das große weiße Haus an der Ecke zur Hauptstraße.
Das ist für Dich zu Fuß nicht weit. Wir könnten erst fleißig Mathe üben und dann auf der Wiese mit unserem Hund Spaß haben.
Er heißt Bruno und ist wirklich süß!

Viele Grüße, Fred

Straße – mal hinten – mal vorn
das Land + die **Straße** = die Land**straße**
die **Straße** + die Kreuzung = die **Straßen**kreuzung

**5** Bilde zusammengesetzte Nomen und schreibe sie mit Artikeln auf.
**Tipp 1:** Der Artikel richtet sich nach dem zweiten Nomen (Grundwort).
**Tipp 2:** Bei einigen Zusammensetzungen musst du ein **s** oder **n** einfügen.

| | | | | |
|---|---|---|---|---|
| ~~das Haupt~~<br>das Spiel<br>die Milch<br>das Dorf | + | **die Straße** | = | *die Hauptstraße*<br>__________<br>__________<br>__________ |

| | | | | |
|---|---|---|---|---|
| **die Straße** | + | ~~der Graben~~<br>das Schild<br>die Seite<br>der Rand | = | *der Straßengraben*<br>__________<br>__________<br>__________ |

**6** Steigere die Adjektive **süß**, **groß** und **fleißig**.

süß, *süßer* __________, am __________

groß, __________, am __________

fleißig, __________, am __________

**7** **a.** Unterstreiche in den folgenden Sätzen alle Wörter mit **ß**.
**b.** Schreibe die Sätze ab.

Er übersah auf der Hauptstraße das Stoppschild.

*Er übersah auf der* __________

Zum Geburtstag bekam ich einen Strauß Blumen.

__________

Ich bin der Größte in meiner Klasse.

__________

Vor unserem Haus gibt es eine Spielstraße.

__________

Ich soll dich herzlich von meinen Eltern grüßen.

__________

Diese Nomen werden am Ende immer mit **ss** geschrieben:
der **Fluss**, das **Schloss**, das **Fass**, der **Kuss**, der **Pass**,
der **Schuss**, der **Imbiss**, die **Nuss**.

**8** **a.** Sortiere die Wörter aus dem Merksatz nach dem Alphabet.
**b.** Schreibe die Pluralformen vom Rand darunter.

*das Fass* ______________________________

______________________________

*die Fässer* ______________________________

______________________________

die Pässe
die Flüsse
die Fässer
die Schüsse
die Imbisse
die Küsse
die Nüsse
die Schlösser

Z

## Weiterführendes:

## Der Wechsel zwischen ss zu ß bei Verben

**Achtung:** Bei den Verben **essen**, **lassen**, **wissen** und **vergessen** gibt es einen **Wechsel** von **ss** zu **ß**!
Der Vokal vor dem **ss** wird **kurz** gesprochen.
Der Vokal vor dem **ß** wird **lang** gesprochen.

**9** **a.** Ergänze jeweils die passende Verbform.
**b.** Lies die Verbreihen. Achte auf den **langen Vokal**.

| Infinitiv | Präsens | Präteritum |
|---|---|---|
| **essen** (kurz) | **ich esse** (kurz) | ich ________ (lang) |
| **lassen** (kurz) | **ich lasse** (kurz) | ich ________ (lang) |
| **wissen** (kurz) | ich ________ (lang) | **ich wusste** (kurz) |
| **vergessen** (kurz) | **ich vergesse** (kurz) | ich ________ (lang) |

vergaß
aß
ließ
weiß

**10** **a.** Schreibe passende Verbformen aus Aufgabe 9 in die Lücken.
**b.** Markiere **ss** und **ß** mit Rot.
**c.** Schreibe die Sätze in dein Heft ab.

| Das passiert jetzt! (Präsens) | Das passierte gestern! (Präteritum) |
|---|---|
| Ich *esse* eine leckere Bratwurst. | Er *aß* eine leckere Bratwurst. |
| Ich ________ meine Haare schneiden. | Sie ________ ihre Haare schneiden. |
| Ich ________ die richtige Lösung. | Sie ________ die richtige Lösung. |
| Ich ________ meinen Schlüssel. | Er ________ seinen Schlüssel. |

# Das kann ich! – Wörter mit ß und ss

Punkte

**1** Ergänze die folgenden zwei Merksätze. /2 Punkte

Der Vokal vor dem **ss** wird ________________ gesprochen.

Der Vokal vor dem **ß** wird ________________ gesprochen.

**2** a. Schreibe drei Nomen auf, die immer mit **ß** geschrieben werden. /3 Punkte

__________________ __________________ __________________

b. Schreibe drei Nomen auf, die immer mit **ss** geschrieben werden. /3 Punkte

__________________ __________________ __________________

**3** Steigere die Adjektive **groß** und **süß**. /4 Punkte

groß, ______________________, am ______________________

süß, ______________________, am ______________________

**4** Bilde zusammengesetzte Nomen. Zweimal musst du ein **n** einfügen. /4 Punkte

das Spiel + die Straße = die ______________________

die Straße + das Schild = das ______________________

das Dorf + die Straße = die ______________________

die Straße + der Graben = der ______________________

**5** Ergänze im Text passende Formen der folgenden Verben. /8 Punkte

essen lassen wissen vergessen

**Oma lässt jeden wissen, was Opa am liebsten aß**

Immer wenn Oma mir eine Bratwurst brät, erzählt sie, dass Opa so gerne Bratwurst ______. Dabei __________ ich viel lieber Hamburger. Ich sage nichts, weil ich ______________, dass sie Opa nicht ________________ kann. Opa selbst war wohl etwas vergesslicher. Aber er ____________________ nie, für Oma Blumen zu kaufen. Oma ____________ natürlich, dass Opa auch unterwegs oft Bratwurst aß. Er konnte es nicht _______________. Aber die Bratwurst von Oma __________ er deshalb trotzdem nie liegen. Die aß er dann auch noch.

Gesamtpunktzahl: /24 Punkte

# dass-Sätze

Nach Verben des Sagens, Denkens und Meinens folgen oft **dass**-Sätze. Vor der Konjunktion **dass** steht immer ein **Komma**.
Ich glaube**, dass** ich gewinne.

**1** Setze das Komma vor **dass**.

Ich hoffe , dass du kommst. Wir glauben dass du nicht lügst.

Sie weiß dass der Test schwer wird. Ich wette dass es klappt.

**2** Kreise **dass** ein und setze das Komma.

Ich denke , dass es geht. Ich glaube dass ich es schaffen werde.

Ich freue mich dass du kommst. Wir wissen dass es klappen wird.

**3** Markiere das Komma mit Blau und schreibe **dass** in die Lücken.
Kreise jedes **dass** ein.

Ich bin sicher, dass Vati gleich kommt. Sie glaubt, ________ er die Wahrheit sagt.

Er wettet, ________ er das Spiel gewinnt. Ich weiß, ________ ich besser werden kann.

**4** **a.** Ergänze die Satzanfänge mit passenden **dass**-Sätzen.
Du kannst die Wörter und Wortgruppen unten verwenden.
**b.** Markiere das Komma mit Blau und kreise **dass** ein.

Er erklärte ihm, dass die Aufgabe nicht schwer ist.

Wir wünschen dir, dass ________________________________.

Sie hofft, dass ________________________________.

Er glaubt, dass ________________________________.

Ich freue mich, dass ________________________________.

| | | |
|---|---|---|
| ~~die Aufgabe~~ | morgen | ~~ist~~ |
| du | den Test | gewinnst |
| die Sonne | zu mir | scheint |
| er | das Spiel | schafft |
| sie | ~~nicht schwer~~ | kommt |

**5** **a.** Schreibe drei eigene **dass**-Sätze in dein Heft.
**b.** Markiere das Komma mit Blau und kreise **dass** ein.

Starthilfe

Ich weiß, dass es morgen regnet.
...

**6** **a.** Schreibe den Text von der Postkarte in dein Heft.
**b.** Unterstreiche die **dass**-Sätze.
**c.** Markiere das Komma vor **dass** mit Blau und kreise **dass** ein.

Liebe Lena!

Herzliche Grüße aus Hamburg. Ich hoffe, dass es Dir gut geht. Mir geht es sogar sehr gut! Ich genieße die Tage in der Hafenstadt Hamburg. Ich meine damit, dass ich hier viel erleben kann. Heute war ich am Hafen. Es ist unglaublich, dass die Schiffe so riesig sind. Schade, dass Du nicht hier bist.

Deine Caro

## Das kann ich! – dass-Sätze

Punkte

**1** Ergänze den folgenden Merksatz. /1 Punkt

Vor dem Wort ________ steht immer ein Komma.

**2** Kreise **dass** ein und setze das Komma. /6 Punkte

Ich wette dass du eine Eins schreibst.

Wir wissen ganz sicher dass wir morgen eine Arbeit schreiben.

Ich wünsche mir dass du mich heute noch besuchst.

**3** Setze die Kommas und fülle die Lücken. /6 Punkte

Sie glaubt ________ er nicht lügt.

Ich weiß genau ________ ich mich anstrengen muss.

Er freut sich ________ er morgen ausschlafen kann.

**4** Der Brief enthält zwei Rechtschreib- und zwei Zeichensetzungsfehler. /4 Punkte
**a.** Ergänze die Kommas im Text.
**b.** Streiche die falsch geschriebenen Wörter durch.
**c.** Schreibe den Text richtig in dein Heft. Markiere die verbesserten Stellen.

Liebe Lena!

Herzliche Grüße aus Hamburg. Ich hoffe dass es Dir gut geht. Mir geht es sogar sehr gut! Ich genieße die Tage in der Hafenstadt Hamburg. Ich meine damit das ich hier viel erleben kann. Heute war ich am Hafen. Es ist unglaublich, dass die Schiffe so riesig sind. Schade, das Du nicht hier bist.

Deine Caro

Achtung: Fehler!

Gesamtpunktzahl: /17 Punkte

# Zeichensetzung

## Satzschlusszeichen

> Nach einem **Aussagesatz** steht ein **Punkt**: Ich gehe ins Freibad**.**
> Nach einem **Fragesatz** steht ein **Fragezeichen**: Kommst du mit**?**
> Nach einem **Ausrufesatz** steht ein **Ausrufezeichen**:
> Das ist doch klar**!**

**1** **a.** Lies die Sätze in der folgenden Tabelle.
**b.** Kreuze an, ob der Satz ein Aussage-, ein Frage- oder ein Ausrufesatz ist.
**c.** Setze die richtigen Satzschlusszeichen.
**d.** Schreibe die Sätze mit den richtigen Satzschlusszeichen in dein Heft.

| | Aussagesatz | Fragesatz | Ausrufesatz |
|---|---|---|---|
| Jan und Fred gehen ins Freibad . | X | | |
| Unterwegs treffen sie Mitschüler | | | |
| Geht ihr auch ins Bad | | | |
| Das ist doch klar | | | |
| Am Eingang warten viele Leute | | | |
| Wo kann man Eintrittskarten kaufen | | | |
| Wo ist eigentlich Jan | | | |
| Er hat seine Badehose vergessen | | | |
| Der ist aber auch vergesslich | | | |

**2** Ergänze jeweils einen Aussagesatz, einen Fragesatz und einen Ausrufesatz.

**Jan sagte: „** ______________________________ .“

**Fred fragte: „** ______________________________ ?“

**Ingo rief: „** ______________________________ !“

**3** Schreibe einen Aussagesatz, einen Fragesatz und einen Ausrufesatz.
Denke an die Satzschlusszeichen.

______________________________

______________________________

______________________________

______________________________

______________________________

## Wörtliche Rede

Eine **wörtliche Rede** steht immer in **Anführungszeichen („…“)**
**Vor** der wörtlichen Rede steht **unten** ein Anführungszeichen.
**Nach** der wörtlichen Rede steht **oben** ein Anführungszeichen.
„Ich möchte heute ins Freibad gehen.“
wörtliche Rede

**4** Setze die Anführungszeichen für die wörtliche Rede.

Jan: „ Ich gehe ins Freibad. “
Jan: Kommst du mit?
Fred: Ja, gerne!
Jan: Oh, hallo, Mario! Hallo, Kai!
Fred: Geht ihr auch ins Bad?
Kai: Das ist doch klar!

Steht der **Begleitsatz vorn**, folgt ein Doppelpunkt.
Jan sagte: „Ich gehe ins Freibad.“
Begleitsatz wörtliche Rede

Steht der **Begleitsatz hinten**, steht immer ein **Komma** davor.
„Ich gehe ins Freibad“, sagte Jan.
wörtliche Rede Begleitsatz

**5** Setze die Doppelpunkte und die Anführungszeichen.

Jan fragte Fred Kommst du mit? Fred antwortete Ja, gerne!

**6** Setze die Anführungszeichen und die Kommas.

Kommst du mit? fragte Jan Fred. Ja, gerne! antwortete Fred.
Los, wir springen! rief Fred. Ich rutsche erst sagte Jan.

**7** **a.** Ergänze jeweils einen Begleitsatz zu der wörtlichen Rede.
**b.** Setze die Zeichen für die wörtliche Rede.
Denke an das Komma.

Das Wasser ist schön warm ______________________________.
wörtliche Rede Begleitsatz

Spring doch endlich! ______________________________.
wörtliche Rede Begleitsatz

Hast du etwa Angst? ______________________________.
wörtliche Rede Begleitsatz

## Komma bei Aufzählung

> Die Wörter einer **Aufzählung** trennt man durch **Kommas** voneinander. Ausnahme: kein Komma vor **und**.
> Jan, Fred **und** Ingo gehen ins Freibad.

**8** Setze die Kommas in den Aufzählungen von Nomen.

Im Freibad treffen sie Paul  Steffi und Inga.

Später kaufen sie Chips  Eis und Schokolade am Kiosk.

Jan  Fred  Ingo und Steffi schwimmen um die Wette.

**9** Setze die Kommas in den Aufzählungen von Adjektiven.

An der langen  blauen und breiten Rutsche stehen Kinder.

Die Kinder tragen rote  grüne und gelbe Badehosen.

Schnell  mutig und sicher rutschen sie ins Wasser.

## Komma bei Anrede und Ausruf

> Eine **Anrede** und ein **Ausruf** werden vom Satz durch **Komma** abgetrennt.
> **Liebe Badegäste,** das Springen vom Beckenrand ist verboten.
> Anrede
>
> **Hilfe,** ich ertrinke!
> Ausruf

**10** Setze die fehlenden Kommas nach der Anrede und dem Ausruf.

„Liebe Gäste  ich begrüße euch zu meiner Geburtstagsparty im Freibad."

„Aha  da ist ja das Geburtstagskind!"

„Maria  kommst du mit ins Wasser?"

„Schade  die Party ist schon vorbei!"

**11** Schreibe die Sätze in dein Heft.
Finde passende Begleitsätze.
Denke an die Satzzeichen zwischen den Begleitsätzen und der wörtlichen Rede.
Denke auch an die Anführungszeichen.

> **Starthilfe**
> Jan rief: „Liebe Gäste, ich begrüße euch ...

# Das kann ich! – Zeichensetzung

Punkte

**1** Ergänze die folgenden Merksätze. /3 Punkte

Nach einem **Aussagesatz** steht ein ______________.

Nach einem **Fragesatz** steht ein __________________________.

Nach einem **Ausrufesatz** steht ein ________________________.

**2** Setze die richtigen Satzschlusszeichen. /3 Punkte

Geht ihr auch ins Freibad ☐

Am Eingang warten viele Leute ☐

Komm endlich aus dem Wasser ☐

**3** Ergänze den folgenden Merksatz. /1 Punkt

Steht der Begleitsatz **hinter** der wörtlichen Rede, dann **muss** zwischen der wörtlichen Rede und dem Begleitsatz **immer** ein ______________ stehen.

**4** Setze die fehlenden Satzzeichen. /6 Punkte

Jan sagte zu Fred ☐ ☐ Ich gehe ins Freibad. ☐

☐ Ich muss jetzt nach Hause ☐ ☐ bemerkte Steffi am Abend.

**5** Setze die Kommas in den Aufzählungen. /3 Punkte

Olga  Hatice und Erkan gehen ins Freibad.

Am Eingang zum Freibad hängen rote  gelbe  grüne und blaue Luftballons.

**6** Setze die Kommas nach der Anrede und nach dem Ausruf. /2 Punkte

„Liebe Gäste  ich freue mich über euren Besuch."

„Toll  das Wetter ist heute ja herrlich!"

**7** In den folgenden Sätzen fehlen fünf Satzzeichen. Ergänze sie. /5 Punkte

„Wo ist eigentlich Jan?"  fragte Fred.

  Steffi, komm mit ins Wasser!"  rief Ingo.

In seiner Tasche hatte Jan Kekse  Bonbons und Getränke.

„Wir gehen jetzt zum Spielen auf die Wiese  , schlug Fred vor.

Gesamtpunktzahl: /23 Punkte

# Wortart: Nomen

> **Nomen** bezeichnen Lebewesen (Menschen, Tiere, Pflanzen), Gegenstände und gedachte oder vorgestellte Dinge.
> **Nomen schreibt man** im Deutschen immer **groß**.

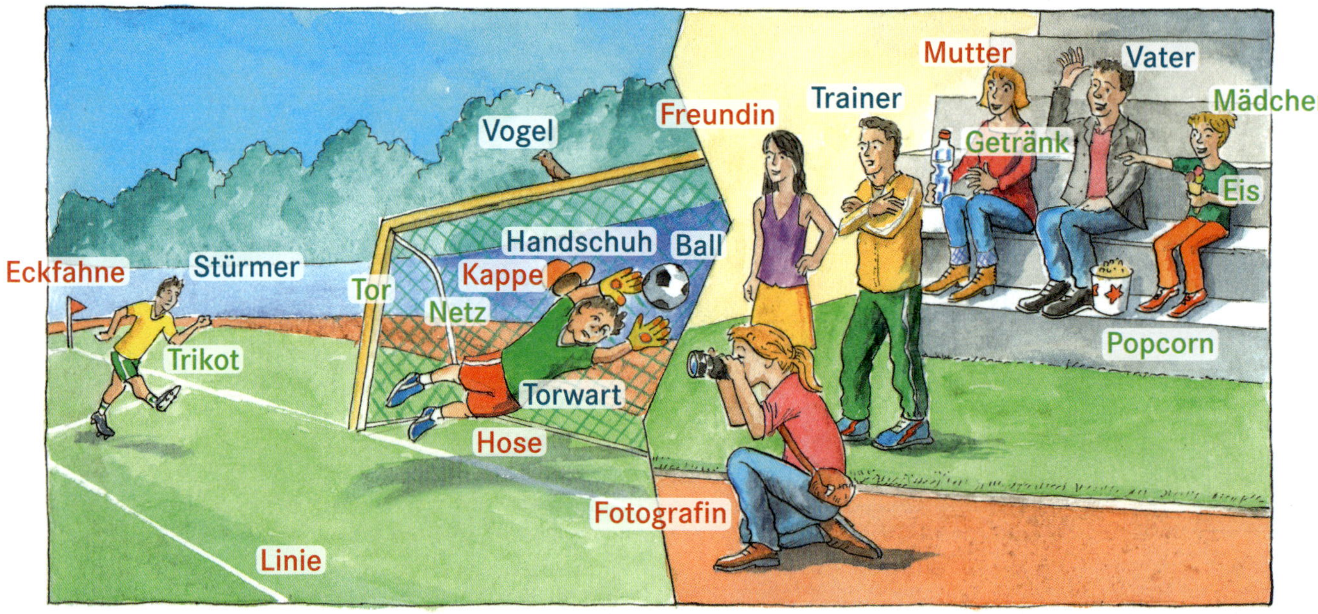


**1** Sortiere die Nomen aus dem Bild mit Artikel in die Tabelle.

| der | | das | | die | |
|---|---|---|---|---|---|
| *der* | *Stürmer* | *das* | *Netz* | *die* | *Linie* |
| | | | | | |
| | | | | | |
| | | | | | |
| | | | | | |
| | | | | | |
| | | | | | |

**2** **a.** Kennst du die Nomen für die Sportgeräte vom Rand? Sortiere sie nach ihrem Artikel in eine Tabelle in deinem Heft.
**b.** Ergänze weitere Sportgeräte, die du kennst.

Starthilfe

| der | das | die |
|---|---|---|
| der Ski<br>... | das Fahrrad<br>... | die Keule<br>... |

Keule, Fahrrad, Laufbahn, Ski, Reifen, Trampolin, Schlitten, Bob, Sprunggrube, Tor, Kletterwand, Roller, Skateboard, Kugel, Seil

**3** **a.** Lebewesen oder Gegenstand?
Sortiere die Nomen aus dem Bild von Seite 62 mit Artikeln in die folgende Tabelle.
**b.** Ergänze die Gegenstände vom Rand in der Tabelle.

Pflaster, Pfosten, Stirnband, Latte, Kapitänsbinde, Pokal

| Lebewesen | | Gegenstände | | | |
|---|---|---|---|---|---|
| der | Stürmer | die | Eckfahne, | | |
| | | | , | | |
| | | | , | | |
| | | | , | | |
| | | | , | | |
| | | | , | | |
| | | | , | | |
| | | | , | | |
| | | | , | | |

**4** Sortiere die folgenden Nomen mit Artikeln in die Tabelle darunter.
Welche Nomen sind keine Lebewesen und keine Gegenstände?
Diese Nomen kommen in die dritte Spalte.

~~Sieg~~, ~~Ärztin~~, ~~Maskottchen~~, Spannung, Maulwurf, Plakat, Enttäuschung, Eisverkäufer, Ticket, Sieg, Baby, Knieschoner, Langeweile, Fan, Anzeigetafel, Hunger, Polizistin, Abseits, Sicherheitspersonal, Mütze, Schal, Aus, Busfahrer, Eintrittskarte

| Lebewesen | | Gegenstände | | gedachte und vorgestellte Dinge | |
|---|---|---|---|---|---|
| die | Ärztin | das | Maskottchen | der | Sieg |
| | | | | | |
| | | | | | |
| | | | | | |
| | | | | | |
| | | | | | |
| | | | | | |

Vor einem **Nomen** steht oft ein **bestimmter Artikel** (der, das, die) oder ein **unbestimmter Artikel** (ein, ein, eine).

Hallo, Jule!

Das **Wochenende** war toll! Als ein echter **Fan** hatte ich natürlich eine **Fahne** dabei. Das **Stadion** hat gekocht, wie immer. Zunächst verging die **Zeit** zwar torlos, aber spannend war es trotzdem. Die **Mannschaft** war nervös, aber der **Gegner** konnte das nicht ausnutzen. Bevor die **Pause** begann, verletzte sich noch ein **Stürmer** und die **Hand** musste behandelt werden. Da der **Arzt** das gleich wieder hinbekam, konnte er noch die halbe **Minute** weiterspielen. Das zweite **Drittel** begann gleich besser. Das **Glück** blieb uns also treu. Es dauerte nicht lange und der **Puck** ging endlich in das **Netz**. Die **Freude** war riesig und wir jubelten. Das **Team** spielte nun wie entfesselt und der **Spielstand** erhöhte sich schnell auf ein unglaubliches 4:0. Nachher gab es noch ein **Gegentor**, aber der **Sieg** blieb sicher. Es war echt super.

Viele Grüße von Mareike

**5** **a.** Worüber berichtet Mareike? Schreibe die Sportart auf. Mareike schreibt über ______________________.

**b.** Markiere die Artikel zu den hervorgehobenen Nomen.
**Achtung:** Dreimal steht ein Wort zwischen Artikel und Nomen.

**c.** Sortiere die Nomen mit den Artikeln aus dem Text in die Tabelle.

| der/ein | | das/ein | | die/eine | |
|---|---|---|---|---|---|
| *ein* | *Fan* | *das* | *Wochenende* | *eine* | *Fahne* |
| | | | | | |
| | | | | | |
| | | | | | |
| | | | | | |
| | | | | | |
| | | | | | |

**6** Sortiere die Nomen aus Aufgabe 5 in eine Tabelle in deinem Heft. Schreibe sie einmal mit dem **bestimmten** und einmal mit einem **unbestimmten** Artikel.

Starthilfe

| Lebewesen | Gegenstände | gedachte und vorgestellte Dinge |
|---|---|---|
| der Fan, ein Fan<br>… | die Fahne, eine Fahne<br>… | das Wochenende, ein Wochenende<br>… |

# Das kann ich! – Nomen

**1** Schreibe die Nomen vom Rand mit den passenden Artikeln auf.

| bestimmter Artikel<br>der, das, die + Nomen | | unbestimmter Artikel<br>ein, ein, eine + Nomen | |
|---|---|---|---|
| das | Rennpferd | ein | Rennpferd |
| | | | |
| | | | |
| | | | |
| | | | |
| | | | |
| | | | |
| | | | |
| | | | |

~~Rennpferd~~
Entscheidung
Schal
Pflaster
Bratwurst
Anlauf
Sportlerin
Finale
Läufer

Punkte

/8 Punkte

**2** Sortiere die Nomen aus Aufgabe 1 in die Tabelle.
Schreibe sie mit den **bestimmten** Artikeln (der, das, die) auf.

| Lebewesen | | Gegenstände | | gedachte und vorgestellte Dinge | |
|---|---|---|---|---|---|
| | | | | | |
| | | | | | |
| | | | | | |

/9 Punkte

Vor **Enttäuschung** ließ der **Junge** in der **Umkleide** einfach **Schläger** und **Trikot** fallen. Er lief auf und ab wie ein **Tier** und fragte sich: „War trotz des **Fouls** der **Sieg** für meine **Mannschaft** noch möglich?"

**3** Sortiere die Nomen aus dem Text in die folgende Tabelle.
Schreibe sie mit den **unbestimmten** Artikeln (ein, ein, eine) auf.

| Lebewesen | | Gegenstände | | gedachte und vorgestellte Dinge | |
|---|---|---|---|---|---|
| | | | | | |
| | | | | | |
| | | | | | |

/9 Punkte

Gesamtpunktzahl: /26 Punkte

# Wortart: Verb

Tätigkeiten beschreibt man mit Verben.
Jedes Verb hat eine **Grundform**, den **Infinitiv**: spielen, säubern.
Den Infinitiv erkennt man an der Endung -en oder -n.

**1** **a.** Beschreibe die Tätigkeiten der Kinder mit den Verben vom Rand.
**b.** Bilde den Infinitiv der Verben und schreibe ihn rechts daneben.
**c.** Markiere die Endungen der Infinitive.

~~liest~~, schaukelt, rennt, klettert, essen

*Kevin liest ein Buch.* ______ *lesen*

______ ______

______ ______

______ ______

______ ______

**2** Im folgenden Text sind bereits sechs Verben markiert.
**a.** Markiere sieben weitere Verben.
**b.** Schreibe alle Verben im Infinitiv auf die Linien.

Marie schaukelt ganz hoch und lacht dabei. Sie ruft: „Ich fliege!“ Paul meint: „Aber falle bitte nicht.“ Er gibt ihr noch mehr Schwung. „Wir gehen jetzt“, sagt Kevin und Tom fragt: „Kommt ihr auch?“ Aber Paul und Marie wollen nicht. Sie bleiben noch.

*schaukeln, lachen* ______

______

______

Verben im **Präsens** verwendet man, um auszudrücken,
- was man **regelmäßig** tut: **Sie spielt jeden Tag mit ihrer Katze.**
  oder
- was man **jetzt** tut: **Sie spielt jetzt gerade mit ihrer Katze.**

### Der Reporter vom Radio berichtet aus der neuen Schwimmhalle.

**3** Ergänze im Text des Reporters die Präsensformen vom Rand.

Ich ___befinde___ mich in der neuen Schwimmhalle von Nussfeld. Der Bürgermeister ____________ gerade die Eröffnungsrede. Hinter mir ____________ sich das große Becken des neuen Wellenbades. Und etliche Badegäste ____________ sich schon ungeduldig am Beckenrand. Jeder möchte zuerst ins Wasser springen. Alle ____________ gespannt auf die Freigabe durch den Bürgermeister. Und jetzt, jetzt ist das Wellenbad offiziell eröffnet. Der Bürgermeister hat das Startsignal gegeben. Und meine lieben Hörerinnen und Hörer, Sie ____________ es selber. Hinter mir ____________ das Wasser und ich ____________ zurück ins Studio.

~~befinde~~
spritzt
hält
drängen
befindet
gebe
warten
hören

### Marvin schwimmt sehr gerne und nutzt das neue Bad regelmäßig.

**4** Ergänze Präsensformen. Bilde sie mit den Infinitiven vom Rand.

Marvin ___geht___ regelmäßig ins Hallenbad.

Er ____________ immer zehn Bahnen im 50-Meter-Becken.

Er ____________ auch gern vom Dreimeterbrett.

Das neue Wellenbad ____________ ihm jedes Mal sehr.

Oft ____________ er einen Freund, dessen Beine gelähmt sind.

Gemeinsam ____________ sie dann im Wasser.

~~gehen~~
schwimmen
springen
gefallen
begleiten
toben

**5** **a.** Lies das Merkwissen oben auf dieser Seite.
**b.** Lies die Texte auf dieser Seite. Beantworte dabei folgende Fragen:
- Welcher Text beschreibt, was jemand **regelmäßig** tut?
- Welcher Text beschreibt, was jemand **jetzt** tut?

**c.** Ergänze die folgenden Aussagen.

Der Text zu Aufgabe 3 beschreibt, was die Menschen ____________ tun.

Der Text zu Aufgabe 4 beschreibt, was Marvin ____________ tut.

Bei vielen Verben bleibt der **Verbstamm** gleich.
Es verändern sich nur die **Endungen**.
Sie richten sich nach der **Person**.

**Auf einer Wanderung telefoniert Peter mit seiner Schwester Jana.**

Hallo, Jana, Peter hier, ...
du, **ich** höre dich ganz schlecht. Verstehst **du** mich denn?
Wieso willst du wissen, was Carlos macht? Jedenfalls fragt **er** nicht ständig nach dir. ... Wie? Hallo? ... Jetzt ist die Verbindung wieder besser. Hoffentlich bleibt **sie** so ...
Ja, uns geht **es** gut hier! **Wir** machen gerade Picknick, oben auf dem Gipfel. Toller Anblick! Und – sitzt **ihr** gerade im Garten? – Wie, unsere Eltern sind ausgeflogen? Und **sie** kommen nicht allein nach Hause? Mensch, das heißt ja sturmfreie Bude ...
Was? Wie? Hallo! Jana? – Na ja, jetzt ist die Verbindung ganz weg ...

**6** **a.** Markiere die Verben zu den hervorgehobenen Personalpronomen.
**b.** Schreibe die markierten Verbformen in die folgende Tabelle.
**c.** Markiere bei jeder Verbform die Endung.
**d.** Ergänze zu allen Verben den Infinitiv in der rechten Spalte.

| Verbform | Infinitiv |
| --- | --- |
| ich *höre* | *hören* |
| du *verstehst* | |
| er | |
| sie | |
| es | |

| Verbform | Infinitiv |
| --- | --- |
| wir | |
| ihr | |
| sie | |

**7** Ergänze die Verben in den folgenden Sätzen mit den Endungen aus der Tabelle unter Aufgabe 6.

Ich steh___ gern. Du rede___ viel. Er reite___ schnell.

Eva lieb___ ihn. Es regne___ hier. Wir sing___ laut.

Ihr finde___ das schon. Die Eltern arbeit___ beide.

**8** Ergänze den Stamm-Baum am Rand.
- Schreibe auf den Stamm jeweils nur den Verbstamm.
- Schreibe die Endungen rechts daneben.
- Schreibe den Infinitiv in die Baumkrone.

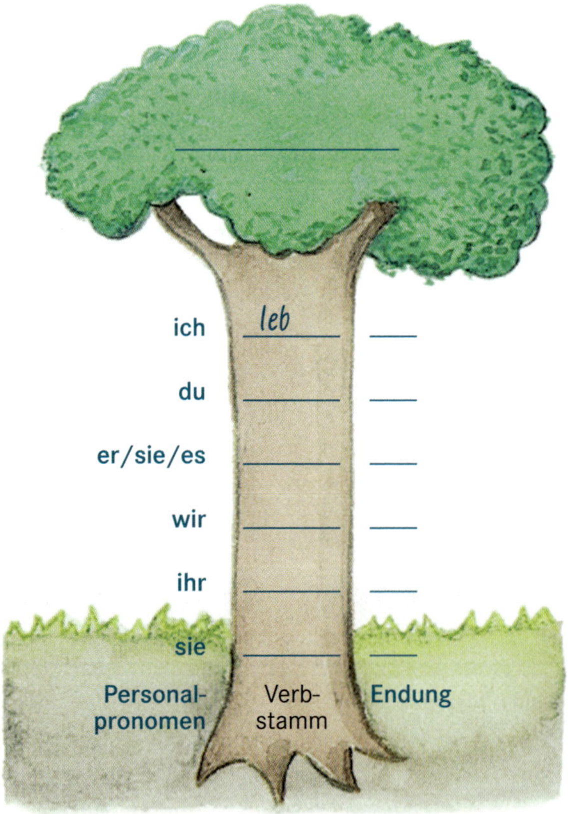


Z **9** Zeichne zu den Verben aus Aufgabe 7 weitere Stamm-Bäume in dein Heft.

**Zusammengesetzte Verben** stehen im Satz meist auseinander.
Infinitiv: einkaufen ⟶ im Satz: Er **kauft** Futter **ein**.

**10** Ergänze die Sätze mit zusammengesetzten Verben vom Rand.

Herr Fröhlich _parkt_ vorsichtig sein neues Auto _ein_.

Frau Vandrey ______ die Ladentür ______.

Marvin ______ mit dem Handy seinen Vater ______.

Jana ______ mit ihrem Fahrrad nach links ______.

Yamal ______ seit gestern ihr Matheheft nicht ______.

Inga ______ ihren Hund morgens und abends ______.

~~einparken~~
aufschließen
anrufen
abbiegen
wiederfinden
ausführen

**Streit auf dem Fußballplatz**

Marvin flankt und Hamet **stoppt** den Ball mit der Brust ab. Er dribbelt und **gibt** den Ball ab zu Janek. Doch ein Abwehrspieler der anderen Mannschaft kommt an den Ball. Allerdings **prallt** der Ball von seinem Fuß ab. Er fliegt über die Auslinie. Einwurf. Hamet **führt** aus und Marvin **nimmt** den Ball an und schießt. Tor! Doch die andere Mannschaft protestiert. „Fehleinwurf!", rufen sie, „das Tor gilt nicht!" Marvin, Hamet und Janek **streiten** das ab. Man zankt sich und keiner **spielt** weiter. Endlich **lenkt** Marvins Mannschaft ein. Das Spiel gewinnen sie trotzdem.

**11** Der Text enthält zusammengesetzte Verben.
**a.** Markiere jeweils den zweiten Teil.
**b.** Schreibe die Infinitive der zusammengesetzten Verben auf.
Die Infinitive zu zwei Verben findest du am Rand.

_abstoppen_

______

annehmen
abgeben

**12** **a.** Bilde zusammengesetzte Verben.

ab-, an-, vor-, um-, zu- + schreiben, geben, fahren, gehen, laufen, machen

______
______
______
______

**b.** Schreibe in deinem Heft zu jedem Verb einen Satz auf, in dem die Teile des Verbs getrennt stehen.
**c.** Markiere die beiden Teile des Verbs in deinen Sätzen.

Starthilfe
abschreiben: Ich schreibe nie ab.
abgeben: ...

Wenn man **schriftlich** über etwas berichtet oder erzählt, was schon vergangen ist, verwendet man das **Präteritum**.
Viele Verben bilden das Präteritum mit den folgenden Endungen:
Ich lern**te**, du lern**test**, er/sie/es lern**te**,
wir lern**ten**, ihr lern**tet**, sie lern**ten**.

Hallo, Eltern,

gestern **beobachteten** wir die Eröffnung des neuen Wellenbades. Erst **begrüßte** ein Reporter alle Gäste. Eine Band **spielte** Volksmusik. Während der Rede des Bürgermeisters **hüpfte** unsere Wasserratte Peter mit einem lauten Klatsch ins Becken. Das Wasser **spritzte** bis zum Rednerpult am Sprungturm. Der Bürgermeister **guckte** kurz überrascht, dann **lächelte** er, **schälte** sich aus dem Bademantel und **sagte** nur noch: „Hiermit erkläre ich das Wellenbad für eröffnet!" Dann **donnerte** er vom Einmeterbrett, **krachte** ins Wasser und **erzeugte** dabei eine meterhohe Fontäne. Alle **lachten** und **klatschten** Beifall. Ich will diesen Sprung lernen, damit ich später einmal Bürgermeister werden kann.

Viele Grüße
euer Kevin

**13** **a.** Schreibe die hervorgehobenen Verben im Präteritum auf die Linien.
**b.** Schreibe jeweils den Infinitiv daneben.
**c.** Markiere die Endungen der Verben im Präteritum.

| | |
|---|---|
| wir *beobachteten – beobachten* | er ______ |
| er ______ | er ______ |
| sie ______ | er ______ |
| er ______ | er ______ |
| es ______ | er ______ |
| er ______ | sie ______ |
| er ______ | sie ______ |

**14** Markiere im folgenden Text elf weitere Verben im Präteritum.

Marvin wollte gestern wieder ins Wellenbad. Unterwegs passierte ein Missgeschick nach dem anderen. Erst stolperte er über seine Hose und erwischte dadurch einen Hundehaufen. Darauf verpasste er den Bus, während er die Schuhe säuberte. Der Ticketautomat schluckte dann noch sein Wechselgeld. Als er und sein Freund Hamet endlich badeten, dauerte es nicht lange, bis sie mit den Köpfen zusammenprallten. Marvins Nase blutete und er musste nach Hause.

**15** **a.** Schreibe alle Präteritumformen von **kaufen** in dein Heft.
**b.** Markiere die Endungen.

**Starthilfe**
ich kaufte
du kauftest
er/sie/es ...

Bei einigen Verben ändert sich im **Präteritum** der Verbstamm:
**finden**: Sie **fanden** die Knollen in der Erde.
Manche Verben haben in der 1. und 3. Person Singular keine Endung:
ich **fand**, er/sie/es **fand**,
aber: du **fandest**, wir **fanden**, ihr **fandet**, sie **fanden**.

**Orhans Gruppe hat einen Informationstext im Präsens geschrieben.**

### Der Nil und die Menschen

Vor etwa 9 000 Jahren **beginnt** auf der Erde eine Warmzeit*. Große Teile Nordafrikas **trocknen** allmählich **aus**. Einige Menschen **leben** mit ihren Viehherden als Nomaden* in den trockenen Wüstengebieten. Die meisten Menschen **ziehen** jedoch als Bauern in das fruchtbare Land am Nil, das heutige Ägypten. Auch dort **regnet** es fast nie. Aber alljährlich **kommt** es in den tropischen Quellgebieten des Nils zu starken Regenfällen. Dann **überflutet** der Fluss das Land mit Wasser und fruchtbarem Schlamm. Als Schutz vor den Überschwemmungen **bauen** die Menschen Dämme und Kanäle. Mit einfachen Schöpfgeräten **bewässern** sie die höher gelegenen Felder. So **gibt** es meistens gute Ernten. Die Überschüsse **sammelt** man in Speichern. So **überleben** die Menschen schlechte Erntejahre.

* die Warmzeit: der Zeitraum zwischen zwei Eiszeiten

* Nomaden: Menschengruppen, die mit ihren Viehherden ein Wanderleben führen

Überschwemmung am Nil

**16** **a.** Schreibe die hervorgehobenen Verben zu den Personalpronomen.
**b.** Schreibe jeweils die Präteritumform auf die Linie daneben. Bei den Verben am Rand ändert sich der Verbstamm.
**c.** Markiere bei den Verben vom Rand die veränderten Buchstaben.

~~begann~~, zogen, kam, gab

| | | | |
|---|---|---|---|
| sie beginnt | – begann | er ______ | – ______ |
| sie trocknen aus | – trockneten aus | sie ______ | – ______ |
| sie ______ | – ______ | sie ______ | – ______ |
| sie ______ | – ______ | es ______ | – ______ |
| es ______ | – ______ | man ______ | – ______ |
| es ______ | – ______ | sie ______ | – ______ |

**Der Text könnte im Präteritum besser klingen – schließlich berichtet er von der Vergangenheit.**

**17** **a.** Schreibe den Text im Präteritum in dein Heft.
**b.** Markiere die Präteritumformen in deinem Text.
**c.** Präteritum oder Präsens? In welcher Zeitform würdest du den Text in der Schülerzeitung abdrucken? Begründe deine Entscheidung für die Redaktionssitzung.

Starthilfe
**Der Nil und die Menschen**
Vor etwa 9 000 Jahren begann auf der Erde ...

**Jana hat einen Text gefunden, der schon im Präteritum steht.**

## Entdeckungen der Phönizier*

Viele Entdeckungen der Frühzeit **blieben** unbekannt, weil die Entdecker **schwiegen** und das neue Land für sich **eroberten**. Phönizische Schiffe **hatten** den Befehl, sich eher zu versenken, als ihr Fahrtziel preiszugeben. Die erste Entdeckungsreise, von der wir wissen, **führte** um 1500 v. Chr.* durch das Rote Meer zum sagenhaften Lande Punt. Die Schiffe **brachten** Gold, Edelsteine, Elfenbein und Ebenholz* von der Reise mit. Im 9. Jahrhundert v. Chr. **gründeten** die Phönizier die Stadt Karthago im heutigen Tunesien. Von hier aus **beherrschten** sie das westliche Mittelmeer und **kontrollierten** die Straße von Gibraltar*. Der griechische Geschichtsschreiber Herodot **berichtete**, dass die Phönizier um 600 v. Chr. auf einer dreijährigen Reise Afrika **umsegelten**. Diese Reise **unterbrachen** sie zweimal für je ein Halbjahr, um Getreide auszusäen und zu ernten. Bezeugt sind auch zwei Seereisen um 450 v. Chr. Der Karthager Himilco **segelte** bis zu den Zinngruben im englischen Cornwall. Und der Karthager Hanno **fuhr** die Westküste Afrikas entlang und **kam** bis zum Senegal. Den Senegal **erreichten** erst 2000 Jahre später wieder portugiesische Seefahrer.

* die Phönizier: ein Handelsvolk im Mittelmeerraum vor ca. 3000 Jahren

* v. Chr.: vor der Geburt von Jesus Christus im Jahre null

* das Ebenholz: ein fast schwarzes und sehr hartes Holz

* die Straße von Gibraltar: die Meerenge zwischen Spanien und Marokko, die Mittelmeer und Atlantik verbindet

**18** Beantworte folgende Fragen in ganzen Sätzen.

**a)** Wann wurde das Land Punt entdeckt?

______________________________________________

**b)** Wann wurde Karthago gegründet?

______________________________________________

**c)** Wo fanden die Phönizier Zinn?

______________________________________________

**19** Schreibe die hervorgehobenen Verben aus dem Text im Präsens auf. Formen, bei denen sich der Verbstamm ändert, findest du am Rand.

*sie bleiben, sie schweigen,* ______________________________

______________________________________________

______________________________________________

______________________________________________

______________________________________________

bleiben
schwiegen
haben
bringen
unterbrechen
fährt
kommt

**20** Warum steht der Text im Präteritum und nicht im Präsens? Begründe die Verwendung der Zeitform in einem Satz.

______________________________________________

______________________________________________

# Das kann ich! – Verben

Punkte

**1** Schreibe die Infinitive hinter die Verbformen. /6 Punkte

ich spiele – ______________________ ihr ruft – ______________________

du gehst – ______________________ wir lernten – ______________________

er fragt – ______________________ sie kamen – ______________________

**2** Schreibe die Verbformen im Präsens in die Lücken: /4 Punkte

Peter ______________________ für die nächste Deutscharbeit. (üben)

Die Schülerinnen und Schüler ______________________ . (lachen)

Herr Fröhlich ______________________ Spaß. (verstehen)

Er ______________________ das Katzenklo jeden Tag. (säubern)

**3** Markiere den Verbstamm. /5 Punkte

senden – gehen – warten – klettern – kaufen – hören

**4** Markiere in dem Text die Verben im Präteritum. /6 Punkte

Wenn Marvin und sein Freund Hamet ins neue Wellenbad gehen, passiert meist etwas. Diesmal erwischte es Hamet. Sie liefen um die Wette zum Springerbecken, als Hamet mit dem linken Fuß ausrutschte. Er stieß sich sofort mit dem rechten Fuß ab und sprang schnell ins Wasser, um nicht auf die Fliesen zu fallen. Aber das linke Bein schrammte dabei über die Kante vom Becken. Und schon wieder gibt es Schrammen und blaue Flecken!

**5** Welches zusammengesetzte Verb steht im Text von Aufgabe 4 getrennt? Schreibe den Infinitiv auf die Linie. /3 Punkte

______________________

**6** Trage die fehlenden Verbformen in die Tabelle ein. /6 Punkte

| Präsens | Präteritum | Infinitiv |
|---|---|---|
| ich | ich ging | gehen |
| du lachst | du | lachen |
| er | er lernte | lernen |
| wir warten | wir | warten |
| ihr | ihr kamt | kommen |
| sie rufen | sie | rufen |

Gesamtpunktzahl: /30 Punkte

# Wortart: Adjektiv

Mit **Adjektiven** kann man Personen, Tiere und Gegenstände genauer beschreiben:
eine **nette** Lehrerin, ein **großer** Hund, ein **langes** Kleid.

**Henry hat seinen Rucksack verloren und ruft im Fundbüro an. Die Mitarbeiterin bittet ihn, den Rucksack zu beschreiben.**

**1** Ergänze passende Adjektive vom Rand.

Der ___große___ Rucksack ist __________ mit schmalen __________ Streifen. Mit dem sehr __________ Reißverschluss öffnet man ihn. Das feste Material ist beinahe __________. An der linken Seite hängt ein kleiner __________ Glücksbringer an einem kurzen __________ Band. Oben gibt es ein __________ rechteckiges Schild, auf dem „Logo" steht. In der Mitte klebt ein runder __________ Aufkleber mit großer __________ Schrift.

~~große~~
blau
gelbes
roten
grünen
schwarzer
weißer
bunter
langen
regendicht

**2** **a.** In dem Lückentext aus Aufgabe 1 gibt es noch mehr Adjektive. Markiere diese acht Adjektive.
**b.** Schreibe die acht Adjektive auf die Schreiblinien.

___schmalen___ __________ __________ __________

__________ __________ __________ __________

**Im Rucksack waren Henrys bunte Spielfiguren. Sie sind gar nicht so leicht auseinanderzuhalten.**

**3** **a.** Beschreibe die Farbigkeit der Figuren in deinem Heft. Wandle dafür die Sätze der Starthilfe entsprechend ab.
**b.** Markiere die Adjektive in den Beschreibungen.

blau, blauer, blauen
gelb, gelber, gelben
rot, roter, roten
grüne, grünes
weiße, weißes

**Starthilfe**

Figur Nummer 1 steht auf roten Füßen. Darauf steckt ein blauer Körper und der Kopf ist gelb. Am Kopf erkennt man außerdem ein weißes Ohr und eine grüne Nase.
Figur Nummer 2 steht ...

**Gegensätzliche Eigenschaften** kann man mit **Adjektivpaaren** ausdrücken: groß – klein, lang – kurz.

**4** Vergleiche die Eigenschaften der folgenden Tiere.
Trage dazu passende Adjektive vom Rand ein.

~~dick~~, klein, schnell, gefährlich, kurz, langsam, lang, groß, friedlich, dünn

Das Flusspferd ist dick.

Der Elefant ist ___.

Die Schnecke ist ___.

Der Tiger ist ___.

Der Schwanz der Katze ist ___.

Die Schlange ist ___.

Die Maus ist ___.

Der Gepard ist ___.

Die Taube ist ___.

Der Schwanz des Hasen ist ___.

Will man beschreiben, wie sich Personen, Tiere, Sachen ... unterscheiden, kann man **gesteigerte Adjektive** verwenden:

| **Grundform** | **Komparativ** (1. Steigerungsform) | **Superlativ** (2. Steigerungsform) |
|---|---|---|
| (so) **groß** (wie) | **größer** (als) | am **größten** |

**5** Vergleiche jeweils drei Tiere mit gesteigerten Adjektiven.

**groß:** Pferde sind größer als Katzen, aber Elefanten sind am größten.

**schnell:** Das Flusspferd ist ___ als der Elefant,

aber der Gepard ist ___.

**dick:** Das Pferd ist ___ als die Schlange,

aber der Elefant ist ___.

**leicht:** Die Maus ist ___ als der Hund,

aber die Fliege ist ___.

**6** Welche drei Adjektive wurden in den folgenden Sätzen gesteigert?

**a.** Schreibe jeweils das passende Adjektiv hinter die Sätze.
**Tipp:** Ergänze den Satz ganz unten, wenn dir ein Adjektiv fehlt.

**b.** Schreibe rechts für alle drei Adjektive beide Steigerungsformen auf.
Die fehlenden zwei Formen findest du am Rand.

besser, am höchsten

Irina zeigt sich in Mathe von ihrer **besten** Seite. gut, ___, ___

Die **meisten** Kinder essen gerne Eis. ___, ___, ___

Bei dem Sturz hatte ich **mehr** Glück als Verstand.

Sergej springt **höher** als der Sportlehrer. ___, ___, ___

Die meisten Kinder essen lieber ___ Eiskugeln als wenige Spinatblätter.

**7** **a.** Sieh dir das Bild des Geparden genau an.
**b.** Ergänze die Lücken im Text.
Verwende die Adjektive vom Rand.

## Der Gepard

Diese Raubkatze lebt in den __weiten__ Steppen Afrikas. Der Gepard ist das __________ Landtier der Welt. Er hat __________, __________ Beine und einen __________ Körper. Der Kopf ist __________ und __________. Der Schwanz ist __________. Durch ihren Körperbau kann diese Raubkatze die __________ Geschwindigkeit von 112 km/h erreichen. Das Fell ist __________, die Bauchseite ist __________. Der Gepard ernährt sich am liebsten von __________ Antilopen. In schlechten Zeiten jagt er auch Hasen, Kaninchen und Vögel.

~~weiten,~~ lange, schnellste, gefleckt, dünne, schlanken, lang, rund, kleinen, hohe, klein, hell

**8** **a.** Beschreibe dein Lieblingstier.
Verwende dabei möglichst viele Adjektive.
**b.** Markiere alle Adjektive in deinem Text.

**Marias Lieblingstier ist der Eisbär:**

Mein Lieblingstier ist der Eisbär. Sein Fell ist weiß, sehr dicht und etwas ölig. Eisbären können über drei Meter groß sein. Sie sind zwischen 300 und 800 Kilo schwer. Der Eisbär hat einen langen Hals und einen flachen Kopf. Die Vorderbeine sind lang und kräftig.

# Das kann ich! – Adjektive

Punkte

**1** Markiere im folgenden Text elf Adjektive. /11 Punkte

In den Sommerferien wandern wir entweder in den hohen Bergen oder an der grünen Nordseeküste. So oder so wird es frische Luft geben. Wir verreisen mit alten Freunden und deren Kindern. Wir werden wieder großen Spaß zusammen haben. Bei schlechtem Wetter machen wir immer lustige und spannende Spiele und essen besonders leckere Sachen. Wenn der Hunger beim Wandern groß ist, schmecken auch einfache Butterbrote.

**2** Welches Adjektiv drückt das Gegenteil aus?
Ergänze die passenden Adjektive in den Sätzen. /6 Punkte

Das Nilpferd ist ____________________, die Gazelle ist **dünn**.

Feuer ist **heiß**, Schnee ist ____________________.

Der Gepard ist **schnell**, der Igel ist ____________________.

Schokoladeneis ist ____________________, eine Zitrone ist **sauer**.

Watte ist **leicht**, Blei ist ____________________.

Ein Kreis ist ____________________, ein Quadrat ist **eckig**.

**3** Ergänze die Lücken im Text. Verwende die Adjektive vom Rand. /6 Punkte

Der Tiger ist eine ______________ Raubkatze. Sein Fell ist ziemlich ____________________. Es ist ________________ und hat __________________ Querstreifen. Diese ziehen sich über den ganzen Körper, vom ____________________ Kopf bis hin zum __________________ Schwanz.

| |
|---|
| **gelblich** |
| **schwarze** |
| **dicht** |
| **große** |
| **langen** |
| **rundlichen** |

**4** Ergänze die Steigerungsformen der folgenden Adjektive. /6 Punkte

| | | | | | |
|---|---|---|---|---|---|
| **schnell** | **groß** | **hart** | **gut** | **viel** | **hoch** |

Ein Roller ist ______________ als ein Skateboard, aber am ______________ ist ein Fahrrad.

Ein Hecht ist ________________ als ein Hering, aber am ________________ ist ein Wal.

Stahl ist ________________ als Gold, aber am ________________ ist ein Diamant.

Die Note Zwei ist ______________ als eine Drei, aber am ________________ ist eine Eins.

Im Herbst friere ich ___________, aber am ________________ friere ich im Winter.

Tim springt ______________ als ich, aber am ________________ springt Eva.

Gesamtpunktzahl: /29 Punkte

# Wortart: Präposition

Wörter wie **an**, **auf**, **unter**, **neben**, **in**, **hinter**, **vor**, **über**, **zwischen** sind **Präpositionen**. Mit ihrer Hilfe kann man z. B. ausdrücken, **wo** sich etwas befindet:
Wo ist das Heft? – In dem / Im Papierkorb.
Mit Präpositionen wie **in/ins**, **an/ans**, **auf/aufs** kann man auf die Frage **Wohin?** antworten:
Wohin stellt Aner das Lexikon? – In das / Ins Regal.

**1** Wo sind Hose, Saftpackung, Schuhe und so weiter?
Ergänze die folgenden Sätze mit den Präpositionen vom Rand.

Leos Hose hängt über der Stuhllehne.

Die leere Saftpackung von Bastian steht __________ dem Tisch.

Mareks Schuhe liegen __________ im Zimmer.

Davids Jacke hängt __________ der Türklinke.

Hamets Schlafsack liegt __________ dem Bett.

Und der Papierkorb liegt __________ dem Stuhl.

~~über~~
unter
an
auf
neben
mitten

**2** Die Schüler sollen das Zimmer aufräumen.
**a.** Schreibe in dein Heft, wohin sie die Dinge räumen. Verwende dabei die Satzschalttafel.
**b.** Markiere die Präpositionen und die dazugehörigen Nomen mit Artikeln.

| | | |
|---|---|---|
| Leo legt seine Hose | **unter** | die Tür. |
| Bastian wirft seine Saftflasche | **in** | die Garderobe. |
| Marek legt seine Zahnbürste | **an** | den Schrank. |
| David hängt seine Jacke | **auf** | das Bett. |
| Hamet legt seinen Schlafsack | **neben** | das Bett. |
| Und ich stelle den Papierkorb | **in** | den Papierkorb. |

Starthilfe
Leo legt seine Hose in den Schrank.
...

**3** **a.** Ergänze die Präpositionen in den folgenden Sätzen.
**b.** Schreibe rechts die Präpositionen und Artikel getrennt auf.
**Tipp:** Der Merkkasten am Rand hilft dir dabei.

Ein Seehund schwimmt _im_ Becken. _im_ = ____ ____

Ein Eimer mit Fischen steht ______ Beckenrand. ____ = ____ ____

Ein Tierpfleger tritt ______ Becken. ____ = ____ ____

Ein Seehund springt ______ Wasser. ____ = ____ ____

**im** = **i**n de**m**
**ins** = **in** da**s**
**am** = **a**n de**m**
**ans** = **an** da**s**

## Das kann ich! –Präpositionen

Punkte

**1** Markiere die vier Präpositionen im folgenden Satz. /4 Punkte

Der Tierpfleger am Beckenrand greift immer wieder vorsichtig in den Fischeimer neben sich und wirft die Fische nacheinander den Seehunden im Wasser zu.

**2** Ergänze die richtigen Präpositionen aus den Klammern. /5 Punkte

In Englisch sitze ich ______ meiner Freundin. (auf, an, neben)

Wir treffen uns dann ______ dem Fußballplatz. (auf, über, in)

Setz dich doch ______ uns. (in, zwischen, bei)

Cem ist ______ seinem Zimmer. (in, unter, zwischen)

Das Bordrestaurant ist weiter vorne ______ Zug. (um, im, beim)

**3** Ergänze in den folgenden Sätzen die Präpositionen vom Rand. Zweimal musst du dabei auch den Artikel ergänzen. /4 Punkte

Schreib das bitte ______ Tafel.

Der Ball geht ______ Aus.

Seki ist noch oben ______ Wohnung.

Seine Schwestern sitzen schon ______ Auto.

in
an
im
ins

Gesamtpunktzahl: /13 Punkte

# Der Satz: Satzglieder

## Satzglieder umstellen

Mit der **Umstellprobe** kannst du Satzglieder ermitteln.
Ein **Satzglied** kann aus einem Wort oder aus mehreren Wörtern bestehen.
Die Wörter eines Satzglieds kann man nur gemeinsam umstellen.
Die wichtigsten Satzglieder sind:

| Subjekt | Prädikat | Objekt | |
|---|---|---|---|
| Ben | kauft | ein neues Fahrrad | . |

Die Klasse 5 a | plant | eine Klassenfahrt.

Plant | die Klasse 5 a | eine Klassenfahrt?

Eine Klassenfahrt | plant | die Klasse 5 a.

**1** In den drei Sätzen sind die Satzglieder umgestellt worden.
**a.** Schreibe die drei Sätze mit den Trennstrichen ab.
Denke an die Satzzeichen.
**b.** Welcher der Sätze ist eine Frage? Kreuze an!

| | Frage? |
|---|---|
| 1. Satz: ______________________ | ☐ |
| 2. Satz: ______________________ | ☐ |
| 3. Satz: ______________________ | ☐ |

**2** **a.** Stelle die folgenden Sätze zweimal um.
Schreibe sie dazu mit senkrechten Trennstrichen auf.
**b.** Kennzeichne die Subjekte, Prädikate und Objekte mit Rahmen.

**Tipp:** Auf den Seiten 84–87 erfährst du, wie man Subjekte, Prädikate und Objekte erkennt.

1. Satz: Der Lehrer | holt | die Bälle.

2. Satz: ______________________

3. Satz: ______________________

1. Satz: Der Stadtplan | gehört | dem Lehrer.

2. Satz: ______________________

3. Satz: ______________________

**3** **a.** Schreibe mit den Wörtern jeder Reihe einen sinnvollen Aussagesatz. Denke an die Satzzeichen.
**b.** Trenne die Satzglieder durch Striche voneinander ab.
**Tipp:** Zwei der Sätze haben vier Satzglieder.
**c.** Kennzeichne die Subjekte, Prädikate und Objekte mit Rahmen.
**Tipp:** In zwei der Sätze gibt es zwei Objekte.

Baby die wickelt das Mutter

der die Trainer Abwehrspieler ermahnt

Aufgabe Schülern erklärt der den die Lehrer

CD-Regal das zeigt Kunden dem Verkäuferin die

Die Mutter | wickelt | das Baby.

**4** Stelle die Sätze aus Aufgabe 3 einmal um. Schreibe in dein Heft. Denke an die Satzzeichen.
- Trenne die Satzglieder durch Striche voneinander ab.
- Kennzeichne die Subjekte, Prädikate und Objekte mit Rahmen.

**Starthilfe**
Das Baby wickelt die Mutter.
...

**5** **a.** Trenne in den folgenden Sätzen die Satzglieder durch Striche voneinander ab.
**b.** Kennzeichne die Subjekte, Prädikate und Objekte mit Rahmen.

Der Busfahrer | verstaut | das Gepäck.

Anna schreibt ihrer Oma.

Die besorgten Eltern ermahnen ihre aufgeregten Kinder.

Herr Podolski holt die kleinen Fußbälle.

Frau Meier gratuliert dem Geburtstagskind.

Der Bus hat bequeme Sitze.

Zwei Mädchen hören Musik.

Erdnüsse isst der kleine David.

Den großen Reisebus besteigen alle Kinder.

Z **6** Schreibe jeden Satz aus Aufgabe 5 als Frage in dein Heft.

**Starthilfe**
Schreibt Anna ihrer Oma?
...

## Z Weiterführendes

**Wenn du ein Satzglied als besonders wichtig betonen möchtest, kannst du es an den Anfang des Satzes stellen.**

**1** Bilde Sätze, bei denen das betonte Satzglied am Anfang steht. Lies zu jedem Satz erst die Beschreibung am Rand.

in den Schrank | das Geschirr | nach dem Abwaschen | kommt

*Nach dem Abwaschen* ______

______

Dem Leiter der Jugendherberge ist wichtig, dass das Geschirr erst **nach dem Abwaschen** in den Schrank geräumt wird.

am Dienstag | mit dem Zug | fahren | wir

______

______

Dem Lehrer ist wichtig, dass die Schüler sich merken, dass sie am Dienstag **mit dem Zug** (und nicht mit dem Bus) fahren.

die erste Pause | machten | wir | nach dem Aufstieg

______

______

Felix will betonen, dass sie erst **nach dem Aufstieg** (und nicht früher) die erste Pause auf der Wanderung gemacht haben.

die Jungen | in der Küche | heute | helfen

______

______

Der Lehrer betont, dass die Jungen **heute** (und nicht morgen) in der Küche helfen werden.

**2** Schreibe zu den folgenden Beschreibungen Sätze mit der passenden Betonung.

Die Sportlehrerin betont, dass im Geräteraum nur die Fußbälle (und nicht die Tornetze) liegen.

*Nur die Fußbälle liegen im Geräteraum.*

Der Hausmeister betont, dass nach der Feier nur die Musikanlage (und nicht die Lautsprecher) in den Abstellraum kommt.

______

Die Schüler betonen, dass sie schon die Satzglieder (und nicht die Umstellprobe) gelernt haben.

______

# Das kann ich! – Satzglieder umstellen

Punkte

**1** Stelle die folgenden Sätze zweimal um. /4 Punkte

1. Satz: Marco bekommt eine Wanderkarte.

2. Satz: ______________________________

3. Satz: ______________________________

1. Satz: Die Klasse plant eine spannende Nachtwanderung.

2. Satz: ______________________________

3. Satz: ______________________________

**2** **a.** Trenne die Satzglieder aus Aufgabe 1 durch senkrechte Striche voneinander ab. /6 Punkte
**b.** Kennzeichne die Subjekte, Prädikate und Objekte mit Rahmen:

**3** Stelle die Sätze so um, dass das betonte Satzglied am Anfang steht. /4 Punkte
Lies zu jedem Satz erst die Beschreibung am Rand.

am Mittwoch Küchendienst hat die Klasse 5 a

______________________________

______________________________

Der Leiter der Jugendherberge betont, dass die Klasse 5 a **am Mittwoch** (und nicht am Dienstag) Küchendienst hat.

Ihr einen freien Nachmittag habt übermorgen

______________________________

______________________________

Der Lehrer will betonen, dass die Klasse **übermorgen** (und nicht morgen) einen freien Nachmittag hat.

**4** Schreibe zu der folgenden Beschreibung einen Satz mit der passenden Betonung. /4 Punkte

Der Bademeister betont, dass jetzt das Wettschwimmen (und nicht das Wasserballspiel) beginnt.

______________________________

**5** Wie heißt die Probe, mit der man Satzglieder ermitteln kann? /2 Punkte

Mit der ____________________ kann man Satzglieder ermitteln.

Gesamtpunktzahl: /30 Punkte

# Subjekt, Prädikat, Objekt

## Das Subjekt

> Das **Subjekt** kann eine Person oder eine Sache sein.
> Es kann aus einem Wort oder mehreren Wörtern bestehen.
> Mit **Wer?** oder **Was?** fragt man nach dem Subjekt.
>
> **Wer** spielt Flöte? **Lukas** spielt Flöte.
>
> **Was** rollt? **Der blaue Ball** rollt.

**Die neue Lehrerin geht durch die Schule und hört laute Geräusche. Sie fragt sich, wer oder was die Geräusche macht.**

Die Klasse 5b

Die Werkgruppe

Die Heizung

**1** **a.** Ergänze die Fragen nach den Subjekten auf den Bildern.
**b.** Schreibe die Antworten auf die Fragen darunter.
Kennzeichne in der Antwort das Subjekt so: ☐

Frage: *Wer oder was* unterhält sich in Gruppen?

*Die Klasse 5b unterhält sich in Gruppen.*

Frage: ____________ klopft und hämmert?

______________________________

Frage: ____________ gluckert und pfeift?

______________________________

**2** **a.** Frage nach den Subjekten. Schreibe die Fragen auf die Linien.
**b.** Kennzeichne in den vorgegebenen Sätzen die Subjekte mit Rahmen.

Die Klasse fährt mit dem Bus ins Grüne.

*Wer oder was fährt mit dem Bus ins Grüne?*

Der Lehrer geht voran.

______________________________

Bequeme Kleidung erleichtert das Wandern.

______________________________

Lisa isst in der Pause ihre Brote.

______________________________

Gute Laune verschönert den Tag.

______________________________

Das Handy bleibt zu Hause.

______________________________

## Das Prädikat

Das **Prädikat** sagt etwas darüber aus, was jemand tut oder was geschieht.
Mit **Was tut …?** fragt man nach dem Prädikat.

**Was tut** Lukas? Lukas **pfeift**.

### In einer Pause auf einem Rastplatz tun die Kinder, was sie möchten.

Tim, Lisa, Jan

Tobias

Michael

**3** Was tun die Kinder auf dem Rastplatz?
**a.** Schreibe die Fragen nach dem Prädikat in die Klammern.
**b.** Ergänze in den Sätzen die Prädikate.
**c.** Kennzeichne die Prädikate mit Rahmen:

Lisa _springt_ über das Seil. ( _Was tut Lisa?_ )

Tim und Jan ____________ das Seil. ( ____________________ )

Tobias ____________ eine Limonade. ( ____________________ )

Michael ____________ mit einem Ball. ( ____________________ )

**4** Kennzeichne im folgenden Text die Prädikate mit Rahmen:

Der Lehrer sitzt auf einer Bank. Er spricht mit den Schülern. Dabei verteilt er Äpfel. Alle essen ihre Brote. Sie trinken Tee. Danach spielt die Klasse Verstecken. Nina verrät ihr Versteck durch Geräusche.

**5** **a.** Frage nach den Prädikaten aus Aufgabe 4.
Schreibe in dein Heft.
**b.** Schreibe die Antwortsätze dazu.
**c.** Kennzeichne die Prädikate mit Rahmen:

Starthilfe
**Fragen nach dem Prädikat**
Was tut der Lehrer?
Der Lehrer sitzt.
…

### Das Prädikat kann auch an einer anderen Stelle im Satz stehen.

Z **6** Markiere im Text weitere Prädikate.

Bevor die Schüler den Rastplatz verlassen, bringen sie die Abfälle zum Mülleimer. Nur Jan und Andreas verschwinden schnell. Erwischt der Lehrer diese Faulenzer? Er sieht sie nicht, weil er den Rastplatz auf Sauberkeit prüft. Aber einige Schüler haben Jan und Andreas beobachtet und verraten sie. Findet der Lehrer das richtig?

## Das Objekt

Mit **Wen?** oder **Was?** fragt man nach dem **Akkusativobjekt**.

**Wen** grüßt Nina? Nina grüßt **den Nachbarn**.

**Was** bastelt Lukas? Lukas bastelt **einen Drachen**.

**Beim Aufbruch vom Rastplatz merkt Michael, dass er viele Dinge verloren hat. Er überlegt, was er alles vermisst.**

**7** Was sucht Michael? Wähle passende Dinge vom Rand.
Schreibe die Fragen und die Antworten auf die Linien.
Umrahme die Akkusativobjekte so: ☐

| | |
|---|---|
| *Was sucht Michael?* | *Michael sucht* *die Mütze.* |
| | |
| | |
| | |

~~die Mütze,~~ die Uhr, den Schal, die Lollis, den Kamm, das Heft, das Vogelbuch, die Trinkflasche

**8** Was finden Erika, Rita und Maria?
**a.** Schreibe die Fragen nach den Akkusativobjekten auf.
**b.** Beantworte die Fragen.
**c.** Umrahme die Akkusativobjekte so: ☐

Starthilfe
**Fragen nach den Akkusativobjekten**
Was findet Erika?
Erika findet die Trillerpfeife.
...

die Trillerpfeife
den Geldbeutel
den Kugelschreiber

Mit **Wem?** fragt man nach dem **Dativobjekt**.

**Wem** leiht Ömet sein Rad? Er leiht das Rad **einem Freund**.

**Wem bringt Melinda etwas vom Wandertag mit?**

**9** **a.** Beantworte die **Wem**-Fragen mit den Dativobjekten vom Rand.
**b.** Umrahme die Dativobjekte so: ☐

Wem bringt Melinda eine Blume mit?

Melinda bringt *ihrer Mutter* eine Blume mit.

Wem schenkt Melinda ein Holzstück?

Melinda schenkt ____________ ein Holzstück.

Wem gibt Melinda einen Tannenzapfen?

Melinda gibt ____________ einen Tannenzapfen.

Wem bringt Melinda einen Stein mit?

Melinda bringt ____________ einen Stein mit.

ihrer Mutter

ihrem Vater

ihrer Schwester

ihrem Bruder

# Das kann ich! – Subjekt, Prädikat, Objekt

Punkte

**1** Ergänze die folgenden Merksätze. /6 Punkte

Mit ___________? oder ___________? fragt man nach dem Subjekt.

Mit **Was tut?** fragt man nach dem ______________.

Mit **Wen?** oder ________? fragt man nach dem ______________.

Mit ___________? fragt man nach dem Dativobjekt.

**2** **a.** Frage nach den **Subjekten**. Schreibe die Fragen auf. /6 Punkte
**b.** Kennzeichne die **Subjekte** mit Rahmen:

Die Kinder haben viel fotografiert. *Wer oder was hat viel fotografiert?*

Ein Bild ist sehr lustig. ____________________________________?

Max hat eine gute Idee. ____________________________________?

Die Klasse klebt alle Fotos auf ein Plakat. ____________________________________?

**3** **a.** Frage nach den **Prädikaten**. Schreibe die Fragen auf. /8 Punkte
**b.** Kennzeichne die **Prädikate** mit Rahmen:

Alle Kinder basteln. *Was tun* ____________________________________?

Anna ordnet die Fotos. ____________________________________?

Die Schüler befestigen die Fotos. ____________________________________?

Dann sieht der Lehrer das Plakat. ____________________________________?

**4** **a.** Frage nach den **Akkusativobjekten**. Schreibe die Fragen auf. /4 Punkte
**b.** Kennzeichne die **Akkusativobjekte** mit Rahmen:

Die Klasse bewundert ihr Werk. *Was* ____________________________________?

Jeder findet das Plakat sehr schön. ____________________________________?

**5** **a.** Frage nach dem **Dativobjekt**. Schreibe die Fragen auf. /4 Punkte
**b.** Kennzeichne die **Dativobjekte** mit Rahmen:

Die Schüler zeigen dem Direktor das Plakat. *Wem* ____________________________________?

Der Lehrer gibt den Schülern heute keine Hausaufgaben auf. ____________________________________

____________________________________?

Gesamtpunktzahl: /28 Punkte

# Der Kompetenztest

Punkte

## Das kann ich! – Texte lesen und verstehen

**Der Biber**

1 Der Biber ist das größte Nagetier Europas. Er wird bis zu 1,35 Meter lang und über 30 Kilogramm schwer. Das sehr dichte Fell ist hellbraun bis schwarz. Der Biber hat einen flachen Schwanz, die so genannte „Kelle“, kleine Ohren und kleine Augen. Die Nagezähne des Tiers sind stark genug, um damit Bäume zu fällen. Biber sind reine Pflanzenfresser und ernähren sich von Baumtrieben, Baumrinde, Wasser- und Uferpflanzen. Weil sie keine Winterschläfer, sondern Winterruher sind, brauchen sie auch im Winter Nahrung. Daher legen sie im Wasser Vorräte von Ästen an. Der Nager ist sehr gut an das Leben im Wasser angepasst. An den Hinterfüßen hat er Schwimmhäute. Außerdem kann er beim Tauchen bis zu 20 Minuten unter Wasser bleiben. Auch die Biberburg, der Bau des Bibers, liegt am Wasser. Der Eingang liegt immer unter Wasser und ein Gang führt zu dem Wohnkessel über der Wasserlinie. Nur selten entfernt sich der Biber weiter vom Wasser als 20 Meter. Männchen und Weibchen unterscheiden sich kaum. Sie leben als Paar ständig zusammen und werden etwa zehn Jahre alt. Einmal im Jahr werden zwei bis drei Junge geboren. Sie suchen sich nach zwei Jahren ein eigenes Revier. Das Revier umfasst eine Flusslänge von etwa drei Kilometern und wird gegen andere Biber verteidigt. Bisswunden aus Revierkämpfen infizieren sich leicht im Wasser und sind dadurch meist tödlich.

**1** a. Lies den Text und die Fragen der Aufgaben 2 bis 6 genau.
b. Kreuze bei den Aufgaben 2 bis 6 die **eine** richtige Antwort an.

**2** Welche Aussage über den Biber ist richtig? — /2 Punkte

- ☐ a) Der Biber ist das drittgrößte Nagetier Europas.
- ☐ b) Biber fressen ganze Bäume.
- ☐ c) Der Biber ist sehr gut an das Leben im Wasser angepasst.
- ☐ d) Biber können bis zu fünf Minuten tauchen.

**3** Wie groß ist das Revier des Bibers? — /2 Punkte

- ☐ a) Das Revier des Bibers umfasst eine Flusslänge von etwa 20 m.
- ☐ b) Das Revier des Bibers umfasst eine Flusslänge von etwa 135 m.
- ☐ c) Das Revier des Bibers umfasst eine Flusslänge von etwa 3 km.
- ☐ d) Das Revier des Bibers umfasst eine Flusslänge von etwa 150 m.

**4** Was versteht man unter einer „Biberburg“? — /2 Punkte

- ☐ a) Die Biberburg ist der Bau des Bibers.
- ☐ b) Das Revier des Bibers nennt man Biberburg.
- ☐ c) Die Biberburg ist der Staudamm des Biberreviers.
- ☐ d) Biberburg heißt das Ufer, an dem der Biber lebt.

Punkte

**5** Warum kann der Biber gut schwimmen? /2 Punkte

- ☐ a) Der Biber ist 1,35 Meter lang.
- ☐ b) Der Biber hat eine glatte Haut ohne Haare.
- ☐ c) An den Hinterfüßen befinden sich Schwimmhäute.
- ☐ d) Früher hielten die Menschen den Biber für einen Fisch.

**6** Was kann der Biber mit seinen Nagezähnen tun? /2 Punkte

- ☐ a) Mit seinen Nagezähnen kann der Biber Fische fangen.
- ☐ b) Mit seinen Nagezähnen kann der Biber klettern.
- ☐ c) Mit seinen Nagezähnen kann der Biber Baumstämme fällen.
- ☐ d) Mit seinen Nagezähnen kann der Biber Steine bearbeiten.

**7** **a.** Nummeriere die weiteren drei Absätze am Rand des Textes. /3 Punkte

**b.** Schreibe zu jedem Absatz eine passende Überschrift in die Tabelle. /8 Punkte
Verwende dazu die Wortgruppen vom Rand.
**Tipp:** Zwei Überschriften musst du noch richtig zusammensetzen.

| Absatz | Überschrift |
|---|---|
| 1 | |
| 2 | |
| 3 | |
| 4 | |

Anpassung …
das Aussehen
… an das Wasser
der Nachwuchs …
die Ernährung
… und das Revier

**8** Welche Informationen aus dem Text werden durch die Fotos unterstützt? /3 Punkte
Kreuze nur Aussagen an, die du auf den Fotos deutlich erkennen kannst.

- ☐ a) Der Biber ist 1,35 Meter lang.
- ☐ b) Das sehr dichte Fell ist hellbraun bis schwarz.
- ☐ c) An den Hinterfüßen befinden sich Schwimmhäute.
- ☐ d) Das Revier des Bibers umfasst eine Flusslänge von etwa 3 km.
- ☐ e) Am Wasser liegt auch der Bau des Bibers, die Biberburg.
- ☐ f) Einmal im Jahr werden zwei bis drei Junge geboren.
- ☐ g) Mit seinen Nagezähnen kann der Biber Baumstämme fällen.
- ☐ h) Sie können beim Tauchen bis zu 20 Minuten unter Wasser bleiben.

**9** Ergänze zu der folgenden Aussage eine Begründung aus dem Text. /3 Punkte
Beachte dabei die Rechtschreibung und die Zeichensetzung.

Die Bisswunden aus den Revierkämpfen sind meist tödlich,

weil ______________________________________________.

**10** Was bedeutet das folgende Wort? Schreibe den Satz zu Ende. /3 Punkte

Die Kelle ist ______________________________________.

**Texte lesen und verstehen** – Gesamtpunktzahl: /30 Punkte

# Das kann ich! – Rechtschreiben

Punkte

**1** Finde im Text die Wörter mit den Doppelkonsonanten und schreibe sie richtig auf die passenden Linien. /7 Punkte

Die Schülerinnen treffen sich nachmittags im Freibad. Sie sind nicht dumm und schnappen sich einen schönen Platz auf der Wiese am Wasser. Dort rollen sie ihre Handtücher aus und quatschen.

ff ____________ ll ____________

mm ____________ nn ____________

pp ____________ ss ____________

tt ____________

**2** Schreibe auf, welche fünf Buchstaben jeweils vor den Doppelkonsonanten stehen. ____, ____, ____, ____, ____ /1 Punkt

**3** Entscheide! Kreuze die richtige Aussage an. /1 Punkt

- ☐ Der Vokal vor dem Doppelkonsonanten wird betont und kurz gesprochen.
- ☐ Der Vokal vor dem Doppelkonsonanten wird betont und lang gesprochen.

**4** Ergänze die Pluralform zu den folgenden Nomen. /4 Punkte

der Fuß – die ____________ der Spaß – die ____________

der Gruß – die ____________ der Strauß – die ____________

**5** Entscheide! Kreuze die richtige Aussage an. /1 Punkt

- ☐ Vor dem ß steht immer ein langer Vokal.
- ☐ Vor dem ß steht immer ein kurzer Vokal.

**6** **d** oder **t**, **b** oder **p**, **ig** oder **lich**? /6 Punkte
Ergänze die Endungen der Adjektive.
Trage dazu die Adjektive zuerst rechts in die Beispiele ein.

bun____ – der ____________ Ball freund____ – der ____________ Polizist

lie____ – das ____________ Kind gefähr____ – die ____________ Kreuzung

lust____ – das ____________ Spiel schwier____ – der ____________ Test

**7** Setze die richtigen Satzschlusszeichen. /3 Punkte

Seid endlich mal ruhig ☐ Gleich beginnt die große Pause ☐

Wo sind denn Kevin und Birte geblieben ☐

**8** Setze die Zeichen der wörtlichen Rede. /7 Punkte

Der gestresste Lehrer sagt ☐ ☐ Setzt euch bitte hin ☐ ☐

☐ Wir sitzen doch ☐ ☐ antwortet Miriam.

**Rechtschreiben** – Gesamtpunktzahl: /30 Punkte

# Das kann ich! – Grammatik

Punkte

**1** Setze die Verben vom Rand in die Lücken ein.
Verwende das Präteritum.

/4 Punkte

A Während unseres Spaziergangs *sahen* wir viele Tiere.

B Auf einer großen Wiese ____________ Rehe.

C Ein Eichhörnchen ____________ auf einen Baum.

D Ein kleiner Biber ____________ im Wasser zur Burg der Eltern.

E In der Pause ____________ ich einen leckeren Schokoriegel.

~~sehen~~
klettern
naschen
schwimmen
stehen

**2** a. Unterstreiche in den Sätzen A, B und C aus Aufgabe 1 alle Nomen.
b. Schreibe die Nomen im Singular (Einzahl) und im Plural (Mehrzahl) in die Tabelle. Verwende die richtigen Artikel.
c. Kreuze an, welches Geschlecht (Genus) die Nomen haben.

/6 Punkte

| Singular (Einzahl) | Plural (Mehrzahl) | Maskulinum (männlich) | Femininum (weiblich) | Neutrum (sächlich) |
|---|---|---|---|---|
| *der Spaziergang* | *die* | ☐ | ☐ | ☐ |
| | | ☐ | ☐ | ☐ |
| | | ☐ | ☐ | ☐ |
| | | ☐ | ☐ | ☐ |
| | | ☐ | ☐ | ☐ |
| | | ☐ | ☐ | ☐ |

**3** a. Markiere in den Sätzen A bis E aus Aufgabe 1 die Adjektive.
b. Trage die Grundform der Adjektive in die linke Spalte der Tabelle ein.
c. Ergänze in den weiteren Spalten die beiden Steigerungsformen.

/3 Punkte

| Grundform (Positiv) | 1. Steigerungsform (Komparativ) | 2. Steigerungsform (Superlativ) |
|---|---|---|
| *viel* | *mehr* | *am meisten* |
| | | |
| | | |
| | | |

**4** Wie alt ist der kleine Biber aus Satz D höchstens?
**Tipp:** Der Text auf Seite 88 hilft dir.

/1 Punkt

Der kleine Biber ist höchstens ____ ________ alt.

Gesamtpunktzahl dieser Seite: /14 Punkte

**5** **a.** Schreibe mit den Wörtern in den Kästen drei sinnvolle Aussagesätze.
**b.** Trenne die Satzglieder durch Striche voneinander ab.
**Tipp:** Es gibt vier Satzglieder.

| Ball | dir | den | neuen | ich | gebe |
|---|---|---|---|---|---|

______________________________________________

______________________________________________

______________________________________________

**6** Wie heißt die Probe, mit der du Satzglieder ermitteln kannst?

Mit der ____________________ kannst du Satzglieder ermitteln.

**7** Finde in den folgenden Sätzen die **Subjekte**, **Prädikate**, **Akkusativobjekte** und **Dativobjekte**.
- Trenne zuerst die Satzglieder durch Striche voneinander ab.
- Schreibe dann die richtigen Bezeichnungen unter die Satzglieder. Verwende die Abkürzungen vom Rand, wenn der Platz nicht reicht.

Die Klasse 5 a | plant | eine Lesenacht.

*Subjekt P Akkusativobjekt*

Jedes Kind liest ein Buch.

______________________________________________

Die Eltern geben den Kindern die Schlafsäcke.

______________________________________________

Eine Mutter schenkt dem Lehrer Beruhigungstee.

______________________________________________

**S = Subjekt (4 x)**
**P = Prädikat (4 x)**
**A-O = Akkusativobjekt (4 x)**
**D-O = Dativobjekt (2 x)**

**8** Mit welchen Fragewörtern kann man die Satzglieder jeweils bestimmen? Schreibe zu jedem Satzglied die richtigen Fragewörter auf.

**Subjekt** ______________________________

**Prädikat** ______________________________

**Akkusativobjekt** ______________________________

**Dativobjekt** ______________________________

**Punkte**

| Aufgabe | Punkte |
|---|---|
| 5 | /3 Punkte |
| 6 | /1 Punkt |
| 7 | /4 Punkte |
| 7 | /4 Punkte |
| 8 | /4 Punkte |

Gesamtpunktzahl dieser Seite: /16 Punkte

Gesamtpunktzahl vorheriger Seite: /14 Punkte

**Grammatik** – Gesamtpunktzahl: /30 Punkte

# Das kann ich! – Texte überarbeiten

Punkte

______________________________

Biber sind Nagetiere. Sie sind Fleischfresser.

______________________________.

Sie haben ein dichtes Fell und einen runden Schwanz.

______________________________.

Sie werden bis zu 135 Meter lang. Sie leben in einer Höhle,

______________________________.

der Biberburg. Sie bauen den Eingang über Wasser.

______________________________.

Im Winter schlafen sie. Einmal im Jahr bekommen sie Nachwuchs.

______________________________.

**1** In den Text haben sich fünf sachliche Fehler eingeschlichen. /5 Punkte
**a.** Vergleiche jede Aussage mit dem Text auf Seite 88.
**b.** Finde die fünf falschen Angaben und streiche diese Wörter durch.
**c.** Schreibe die richtigen Angaben darunter auf die Linien.

**2** Im Text wird das Personalpronomen „sie“ sehr oft wiederholt. /6 Punkte
Ersetze das Personalpronomen „sie“ sechsmal.
Du kannst die Wörter vom Rand verwenden.
Schreibe auf die Linien.

die Nager, die Nagetiere, die Wasserbewohner, die Holzfäller, die Biber, die guten Schwimmer, die fleißigen Baumeister

**3** Die Fortsetzung des Textes enthält ein paar Fehler. /7 Punkte
**a.** Finde vier Rechtschreibfehler. Streiche die betreffenden Wörter durch. Schreibe sie richtig auf die Linien am Rand.
**b.** Finde die zwei Zeichensetzungsfehler. Ergänze die fehlenden Satzzeichen.

Die Nagger sind sehr gut an das Leben im Wasser angepasst. ______________

Das Fell wird regelmäßig eingefettet  damit kein Wasser eindringt ______________

An den Hinterfüssen befinden sich Schwimmheute. ______________

Die Biber können bis zu 20 Minuten unter Waser bleiben. ______________

**4** Der Text hat noch keine Überschrift. /2 Punkte
Wähle eine passende Überschrift vom Rand.
Schreibe sie ganz oben auf die Linie.

Gefährliche Tiere
Der Winterschläfer
Der Biber
Der Burgenbauer

**5** Schreibe den überarbeiteten Text in dein Heft. /10 Punkte
Kontrolliere die Rechtschreibung und die Zeichensetzung.

**Texte überarbeiten** – Gesamtpunktzahl: /30 Punkte

**Kompetenztest** – Gesamtpunktzahl: /120 Punkte

# Wissenswertes auf einen Blick

## Rechtschreiben

### Das Gliedern, das Verlängern, das Ableiten

Beim **Gliedern** zerlegst du mehrsilbige Wörter in Sprechsilben.
Beispiel: Regenwolke

**d** oder **t**, **g** oder **k** am Ende eines Wortes? Das **Verlängern** bringt die Entscheidung.
der Abend – die langen Abende das Getränk – die kalten Getränke
↓ ↓ ↓ ↓
**d/t?** **d!** **g/k?** **k!**

**ä** und **e** klingen in vielen Wörtern ähnlich.
Leite ab: Finde ein verwandtes Wort mit **a** und du weißt, dass du **ä** schreiben musst.
die Wärme kommt von warm – also ä
↓ ↓
**?** **a!** ⟶ **ä**

Übungen S. 36–39

### Wörter bilden und schreiben

Mit den Vorsilben **ver-** und **ent-** werden viele neue Verben gebildet.
ver- + kaufen = verkaufen ent- + nehmen = entnehmen

Beim Zusammensetzen von Nomen muss manchmal ein **s** oder ein **n** eingefügt werden.
die Entdeckung + **s** + die Reise = die Entdeckung**s**reise
die Klasse + **n** + das Buch = das Klasse**n**buch

Übungen S. 40–41

### Großschreibung

Aus **Verben** können **Nomen** werden. Der Artikel **das** macht's!
schreiben ⟶ das Schreiben

Achtung! Zwischen **das** und dem Nomen kann ein Adjektiv stehen.
Das Adjektiv wird kleingeschrieben.
das Hören ⟶ das gute Hören

Aus **Verben** können **Nomen** werden. Die Endung **-ung** macht's!
send(en) ⟶ die Sendung, die Sendungen

Aus **Adjektiven** können **Nomen** werden. Die Wörter **etwas** und **nichts** machen's!
gut ⟶ etwas Gutes gut ⟶ nichts Gutes

Übungen S. 42–43

### Wörter mit ie

Die meisten Wörter mit einem **lang gesprochenen i** werden im Deutschen mit **ie** geschrieben.

Übungen S. 44–47

### Wörter mit Doppelkonsonanten

Vor dem Doppelkonsonanten steht immer ein **Vokal** (Selbstlaut): **a e i o u**.
Dieser Vokal wird **kurz** gesprochen.

Übungen S. 48–51

### Wörter mit ß und ss

Nur wenige Wörter werden im Deutschen immer mit **ß** geschrieben:
die Straße – die Straßen heißen – er heißt groß – größer
Der Vokal vor dem **ß** wird **lang** gesprochen.

Diese Nomen werden am Ende immer mit **ss** geschrieben:
der Flu**ss**, das Schlo**ss**, das Fa**ss**, der Ku**ss**, der Pa**ss**, der Schu**ss**, der Imbi**ss**, die Nu**ss**.
Der Vokal vor dem **ss** wird **kurz** gesprochen.

**Achtung:** Bei den Verben essen, lassen, wissen und vergessen gibt es einen **Wechsel** von **ss** zu **ß**!

Übungen S. 52–55

## Zeichensetzung

### Satzschlusszeichen

Nach einem **Aussagesatz** steht ein **Punkt**: Ich gehe ins Freibad**.**
Nach einem **Fragesatz** steht ein **Fragezeichen**: Kommst du mit**?**
Nach einem **Ausrufesatz** steht ein **Ausrufezeichen**: Das ist doch klar**!**

Übungen S. 58

### Wörtliche Rede

Eine **wörtliche Rede** steht immer in **Anführungszeichen („…“)**.
**Vor** der wörtlichen Rede steht **unten** ein Anführungszeichen.
**Nach** der wörtlichen Rede steht **oben** ein Anführungszeichen.

„Ich möchte heute ins Freibad gehen.“
wörtliche Rede

Nach dem **Begleitsatz** steht ein Doppelpunkt.
Jan sagte: „Ich gehe ins Freibad.“
Begleitsatz — wörtliche Rede

Manchmal steht der Begleitsatz **hinter** der wörtlichen Rede. Dann steht zwischen wörtlicher Rede und Begleitsatz ein **Komma**.
„Ich gehe ins Freibad“, sagte Jan.
wörtliche Rede — Begleitsatz

Übungen S. 59

### Komma

Die Wörter einer **Aufzählung** trennt man durch Kommas voneinander.
Ausnahme: Kein Komma vor **und**:
Jan**,** Fred **und** Ingo gehen ins Freibad.

Eine **Anrede** und ein **Ausruf** werden vom Satz durch **Komma** abgetrennt.
**Liebe Badegäste,** das Springen vom Beckenrand ist verboten.
Anrede
**Hilfe,** ich ertrinke!
Ausruf

Übungen S. 60–61

Nach Verben des Sagens, Denkens und Meinens folgen oft **dass**-Sätze.
Der **dass**-Satz wird durch **Komma** vom Hauptsatz abgetrennt.
Ich glaube**, dass** ich gewinne.

Übungen S. 56–57

## Grammatik

### Nomen

**Nomen** bezeichnen Lebewesen (Menschen, Tiere, Pflanzen), Gegenstände und gedachte oder vorgestellte Dinge. **Nomen schreibt man** im Deutschen immer **groß**.

Vor einem **Nomen** steht oft ein **bestimmter Artikel** (der, das, die)
oder ein **unbestimmter Artikel** (ein, ein, eine).

Übungen S. 62–65

### Verben

Handlungen und Vorgänge drückt man mit **Verben** aus:
sagen, gehen, fahren, erleben, schlafen, müssen.
Diese **Grundform** des Verbs nennt man **Infinitiv**. Er hat die Endung **-en** oder **-n**.

Übungen S. 66, 73

### Verben im Präsens

Verben im **Präsens** verwendet man, um auszudrücken,
- was man **regelmäßig** tut: Sie spielt jeden Tag mit ihrer Katze.
  oder
- was man **jetzt** tut: Sie spielt jetzt gerade mit ihrer Katze.

Übungen S. 67, 73

Bei vielen Verben bleibt im Präsens der **Verbstamm** gleich.
Es verändern sich nur die **Endungen**. Sie richten sich nach der Person.

Übungen S. 68, 73

**Zusammengesetzte Verben** stehen meist im Satz auseinander.
Infinitiv: einkaufen – im Satz: Er kauft Futter ein.

Übungen S. 69, 73

## Verben im Präteritum

Wenn man schriftlich über etwas berichtet oder erzählt, was schon vergangen ist,
verwendet man das **Präteritum**. Viele Verben bilden das Präteritum mit den folgenden Endungen:
Ich lern**te**, du lern**test**, er/sie/es lern**te**, wir lern**ten**, ihr lern**tet**, sie lern**ten**.

Bei einigen Verben ändert sich im **Präteritum** der Verbstamm:
**finden**: Sie **fanden** die Knollen in der Erde.
Manche Verben haben in der 1. und 3. Person Singular keine Endung:
ich **fand**, er/sie/es **fand** aber: du **fandest**, wir **fanden**, ihr **fandet**, sie **fanden**.

Übungen S. 70–73

## Adjektive

Mit **Adjektiven** kann man Personen, Tiere oder Gegenstände genauer beschreiben:
eine **nette** Lehrerin, ein **großer** Hund, ein **langes** Kleid.

**Gegensätzliche Eigenschaften** kann man mit **Adjektivpaaren** ausdrücken: groß – klein, lang – kurz.

Will man beschreiben, wie sich Personen, Tiere, ... unterscheiden,
kann man **gesteigerte Adjektive** verwenden:
(so) groß (wie) – größer (als) – am größten.

Übungen S. 74–77

## Präpositionen

Wörter wie **an**, **auf**, **unter**, **neben**, **in**, **hinter**, **vor**, **über**, **zwischen** sind Präpositionen.
Mit ihrer Hilfe kann man z. B. ausdrücken, **wo** sich etwas befindet:
**Wo** ist das Heft? – **In dem / Im** Papierkorb.
Mit Präpositionen wie **in/ins**, **an/ans**, **auf/aufs** kann man auf die Frage **Wohin?** antworten:
**Wohin** stellt Aner das Lexikon? – **In das / Ins** Regal.

Übungen S. 78–79

## Satzglieder

Mit der **Umstellprobe** kannst du Satzglieder ermitteln.
Ein **Satzglied** kann aus einem Wort oder aus mehreren Wörtern bestehen.
Die Wörter eines Satzglieds kann man nur gemeinsam umstellen.
Die wichtigsten Satzglieder sind:

| Subjekt | Prädikat | Objekt |
|---|---|---|
| Ben | kauft | ein neues Fahrrad. |

Übungen S. 80–83

## Subjekt

Das **Subjekt** kann eine Person oder eine Sache sein. Mit **Wer?** oder **Was?** fragt man nach dem Subjekt.

Es kann aus einem Wort oder mehreren Wörtern bestehen.

**Wer** spielt Flöte? **Lukas** spielt Flöte. **Was** rollt? **Der blaue Ball** rollt.

Übungen S. 84

## Prädikat

Das **Prädikat** sagt etwas darüber aus, was jemand tut oder was geschieht.

Mit **Was tut?** fragt man nach dem Prädikat.

**Was tut** Lukas? Lukas **pfeift**.

Übungen S. 85

## Objekte

Mit **Wen?** oder **Was?** fragt man nach dem **Akkusativobjekt**.

**Wen** grüßt Nina? Nina grüßt **den Nachbarn**. **Was** bastelt Lukas? Lukas bastelt **einen Drachen**.

Mit **Wem?** fragt man nach dem **Dativobjekt**.

**Wem** leiht Ömet sein Rad? Er leiht das Rad **einem Freund**.

Übungen S. 86

Mehr **Wissenswertes auf einen Blick** findest du vorne im Heft und in den Klappen.
Öffne die Klappen, um mit dem **Textknacker** oder dem **Erzählplan** zu arbeiten.